Max Bontems et Claude-Youenn Roussel

Saint-Lunaire balnéaire

Le grand rêve de Sylla Laraque

Éditions CRISTEL
F-35400 SAINT MALO

Des mêmes auteurs

Claude-Youenn Roussel et Pierre Bardin, *Les trois vies d'un marin breton. Barthélemy Mascarène de Rivière 1760-1836*, Spézet, Coop Breizh, 2002.

Claude-Youenn Roussel, *La mainmise des Bretons sur le Limousin-Périgord 1274-1522*, Paris, Guénégaud, 2002.

Max Bontems : Conférence sur Sylla Laraque au *Grand Hôtel*, 7 août 1999.

Illustrations :
Remerciements à Mme Mouchon, M. Henri Fermin (pp. 14 et 20),
M. Samadet, M. Intest, M. Lamandé, M. Bontems.

Cet ouvrage est publié
avec le soutien du Conseil Régional de Bretagne

ISBN 2-84421-027-9

REMERCIEMENTS

Les auteurs tiennent d'abord à exprimer leur reconnaissance à la famille Laraque. À M. Michel Saint-Jacques, petit-fils de Sylla, et à son épouse ; à M. Jean-Marie Laraque et à sa femme Ginette, ainsi qu'à Irène Martin qui les leur fit connaître ; à Mme Clémenceau, petite-fille de Sylla.

Ils remercient également, pour leur aide, la Direction Générale des services techniques de la ville de Neuilly ; et, à Monchy-Humières, le maire, M. Maman, auquel il faut associer Mme Lemoine, sa secrétaire, dont la mère a bien connu Alice, l'une des filles de Sylla ; sans compter M. Samadet, historien local, dont les renseignements ont été très précieux.

Enfin, leurs remerciements vont à tous les Lunairiens qui, d'une façon ou d'une autre, ont soutenu leurs travaux, notamment le propriétaire de la villa *Marcelle (L'Escale)*, M. Aimé Le Foll, ancien maire, qui avait donné toute facilité à la recherche ; M. Michel Penhouët, maire, Mme Frefield, premier adjoint, M. Lebreton, secrétaire général de la mairie, M. Henri David, M. Delorme, propriétaire de la villa *Alice (La Massylane) ;* M. Bouillon, copropriétaire des

Jardins de Bagatelle, M. Fénice, propriétaire de la *Buanderie* et du *Grand Garage*, M. Lamandé, M. Saeghis et M. Intest, copropriétaires du *Grand Hôtel* ; Mme Mouchon, M. Henri Fermin ; Mme Roussel, Mme Bontems et ses enfants pour leur compréhension.

AVANT-PROPOS

Sylla Laraque, personnage pittoresque, passionné et passionnant, va finaliser le rêve collectif d'un Saint-Lunaire balnéaire conçu par d'autres. Ce qui fascine chez lui, ce sont surtout ses capacités de créateur, de constructeur imaginatif et sa capacité d'intervenir avec succès dans de multiples domaines. Il n'est pas pour autant entièrement sympathique, et bien des plages d'ombre entourent ses activités et ses actes privés. On ne peut que le rapprocher de natures comme celle d'Alexandre Dumas, lui aussi marqué par les îles (certains ont même voulu leur trouver une parenté illusoire mais flatteuse), qui donnent à tous ceux qui en sont issus un sang bouillonnant, un goût prononcé pour l'amour, la fête et les dépenses. Sylla fut un personnage tout à fait en symbiose avec le monde des années d'avant-guerre puis des années folles. Il en fut un météore. Sylla connut en affaires, dans la pierre et dans l'or, une vie digne d'un roman que Balzac n'aurait pas renié.

Le moderne Saint-Lunaire est né de ses ambitions qui dépassaient de loin les seules considérations financières. C'est pourquoi nous pardonnerons beaucoup à ce personnage désormais historique, comme nous le faisons pour bien d'autres qui ne sont plus désormais que des éléments marquants de notre passé.

Une recherche

C'est après avoir commencé des travaux généalogiques personnels que Max Bontems, Lunairien, se passionna pour une personnalité essentielle de l'histoire locale et pourtant quasi inconnue du public : le promoteur Sylla Laraque. Il découvrit progressivement l'importance et la richesse de sa vie. Ayant rassemblé de nombreux et précieux renseignements, les éditions Cristel lui proposèrent de s'associer avec moi, chercheur en ethno-histoire et attaché à Saint-Lunaire, ayant passé enfance et adolescence à Dinard. Je procédai à des recherches complémentaires et à une mise en forme générale. C'est donc le fruit d'un travail à deux mains qui est présenté ici.

Il est à souhaiter que l'incroyable Sylla Laraque soit bientôt aussi connu que le comte Rochaïd Dahdah, fabuleux promoteur de Dinard dont a si bien parlé mon ami Henri Fermin, ancien directeur du musée de Dinard. D'une certaine façon, nous devons à ces deux hommes le développement de ces deux belles cités voisines.

Claude-Youenn Roussel

PREMIÈRE PARTIE

Saint-Lunaire rêve balnéaire

La côte d'Émeraude

Dinard, ville aînée, et Rochaïd Dahdah, précurseur des Joly, Rosnays, Laraque, etc.

L'invention de Saint-Lunaire balnéaire s'inscrit dans un vaste mouvement de développement du tourisme et des bains de mer sur la côte d'Émeraude (nom inventé par Eugène Herpin, avocat à Saint-Malo). Elle a pour aînée Dinard qui bénéficie, selon Henri Fermin, de l'immigration à Saint-Énogat d'Édouard Legros, coqueluche des baigneuses mondaines qui l'y suivent, quittant Saint-Malo, vieux point de curiosité. Dès 1870, Dinard dispose d'une grande réputation. Un guide[1] de l'époque rappelle les sites ravissants de la région telle la plage de l'Écluse. Déjà, de nombreuses villas meublées sont proposées de 100 à 1000 francs (or) par mois. On compte des hôtels avec tables d'hôte (dont quatre grands hôtels), de nombreux magasins et commerces dont certains de luxe, des lignes d'omnibus et des voitures à l'heure et à la course, des bateaux de plaisance. Le guide signale également :

> Un établissement d'hydrothérapie, des cabines installées sur la plage. Un casino qui se compose de salons de lecture et de

Dinard. La grande plage de l'Écluse à la fin du XIXe siècle.

Rochaïd Dahdah

conversation. Soirées artistiques et musicales, Directeur Élie. Un bureau télégraphique.

Signe de la présence anglaise, il existe également un temple protestant. Onze ans avant que Laraque arrive en France, les choses sont déjà parfaitement structurées.

Une plaquette, *L'avenir de Dinard*[2], paraît en 1874. Elle a pour but de faire appel à des subventions. L'auteur, anonyme, souligne que cette ville d'agrément est la plus remarquable du littoral breton. Position, paysage, climat la favorisent. Néanmoins, malgré ces atouts, la cité a manqué jusqu'à présent des éléments nécessaires à son extension. La prairie marécageuse nommée la Vallée gêne les communications, de même que la dispersion des habitants concentrés à l'est et à l'ouest (Saint-Énogat) sur une zone étendue peu communicante, sans vrais quais ni douane. On ne peut se rendre par bac qu'à Saint-Malo et pas encore à Saint-Servan. Il n'y a pas de voie ferrée locale. Les constructions ont commencé à se multiplier sur deux côtés opposés de la commune qui se dressent l'un contre l'autre. Il n'y a pas de marché, pas d'hôpital public, pas de fontaine, de place, de lavoir ; la mairie et l'église sont lointaines ; l'accès au bourg ne se fait que par la pente raide du Bec de la Vallée que l'on monte en débarquant du vapeur de Saint-Malo. L'affluence a empêché de satisfaire une demande de logements en augmentation constante et, dès 1873, les familles ont dû pousser jusqu'à Saint-Lunaire, voire Saint-Briac. Comme à Saint-Lunaire, il y a déjà des investisseurs : le duc d'Audiffret Pasquier, le comte de Cambacérès, le comte Roederer. Mais une plus grosse fortune apparaît : le Laraque de Dinard, le comte Rochaïd Dahdah qui, en financier avisé, comprend tout de suite les raisons qui bloquent l'évolution de la ville et décide de s'y consacrer. Il fait étudier l'arrivée du chemin de fer mais les études lui montrent qu'il faut d'abord résoudre les problèmes de communications et d'équilibre interne évoqués plus haut : assainir la Vallée, ouvrir des voies, créer des établissements publics de première nécessité. Il achète de très nombreuses parcelles de terre. Selon l'auteur de la plaquette un peu panégyrique, s'il n'avait voulu que gagner de l'argent, il aurait pu se contenter d'acheter les terrains en bord de plage, faciles à rentabiliser. Rochaïd Dahdah fait venir des masses d'ouvriers, rase un mamelon (le Mont Valérien), le déblaie, assèche le marais, fait construire plus de quinze maisons pour les étrangers et vingt pour les ouvriers. Il arrive ainsi au bout de ses moyens et la plaquette a pour but de solliciter le Conseil municipal, le département et l'État ; Dahdah, qui est probablement l'inspirateur direct du document, évoque ses vastes projets : tracés de boulevards, routes, chemin de fer en plaçant la gare à un point liant les deux côtés de la commune. Il propose aussi trois halles, etc. On connaît sa prestigieuse réussite. Mais l'hôpital des indigents, bâti par Gardiner et Hopkins avec l'aide de donateurs privés, n'ouvrira qu'en 1895, alors que les structures des privilégiés seront en place depuis longtemps !

Le mouvement immobilier à Saint-Lunaire

Saint-Lunaire est limitée à l'est par la paroisse de Saint-Énogat, au sud par celle de Pleurtuit, à l'ouest par celle de Saint-Briac et au nord par la mer. Son territoire plat au sous-sol granitique est coupé par un ruisseau central dont la source se trouve près de la maison de Pontual. Selon Ogée dans son dictionnaire paru en 1843, ce très vieux mais petit et relativement pauvre pays compte 600 communiants[3]. L'habitat est dispersé en hameaux : la Marre, le Tertre, la Touesse, la Ville-ès-Quelmée, la Ville-Mignon, l'Aunaye, la Ville-au-Coq, la « maison importante » de la Ville-Revault. Il n'est pas inintéressant de relever la situation immobilière de cette époque qui reste presque inchangée jusqu'au démarrage de la station. Sur 1.024 hectares, Ogée en note 731 en terres labourables, 13 en prés et pâtures, 152 en bois, 14 en vergers et jardins, 79 en landes et friches, 7 avec propriétés bâties dont 252 constructions imposables et 27 non imposables. Il y a deux moulins à vent : Roche-Plate et Janet. En 1875, quand le développement du mouvement hygiéniste met à la mode les séjours balnéaires, sa population a doublé. Joanne, en 1910, annonce que la commune atteint alors 1413 hectares (certainement en raison de l'attribution de landes aux limites communales, limites incertaines au temps d'Ogée). C'est le trop grand succès d'un Dinard saturé qui bénéficie à l'origine au nouveau Saint-Lunaire. Les terrains prennent une valeur inconnue jusqu'alors et suscitent un marché dont s'emparent rapidement des investisseurs avisés. En 1879, le premier inventeur du Saint-Lunaire moderne est le banquier rennais René Joly qui s'associe avec un autre banquier, Rubat du Mérac, puis monte en 1880 une « Société anonyme des terrains de Saint-Lunaire » dont un important commanditaire est le Dinardais Pompon[4]. Dès le début, les investisseurs rennais s'associent à des Parisiens. Dans le groupe, on trouve l'architecte parisien Aimé Sauffroy[5], collaborateur d'Haussmann. Il se voit confier la réalisation technique du futur *Grand Hôtel* de la plage, pour lequel on prévoit de dépenser 600.000 francs. Ce projet est géré par une société spécifique où l'on retrouve Rubat du Mérac et d'autres associés. Sauffroy s'implante lui-même localement en 1883 en construisant sa propre villa Castel Sauffroy (devenue mairie depuis 1964) de l'autre côté du boulevard de la Plage. Une première campagne d'achat leur permet de mettre la main sur les terrains du Décollé où est érigée, la même année, une croix de granit de cinq mètres de haut, financée par les plus riches citoyens. Ces terrains de bord de mer nommés les Mielles[6] avaient historiquement appartenu aux de Pontual, de Penfentenio de Cheffontaines, de La Moussaye, enfin aux vendeurs les Doinnel de Dinan. Des constructions sont entreprises : maisons, hôtel, etc. Un sémaphore installé sur cette pointe en 1862 doit être déplacé devant le rapide développement immobilier.

On brade le passé

Les débuts de la « balnéarisation » de Saint-Lunaire sont assez chaotiques. L'affaire de l'église neuve doit s'étudier dans le cadre des manœuvres des promoteurs. En 1880, la *Société des terrains* souhaite s'emparer de l'emplacement de la vieille église. Il est vrai qu'elle est en très mauvais état, le toit percé, et trop petite, ce dont se plaignent les paroissiens. Mais elle abrite des tombeaux nobles[7] et celui de saint Lunaire[8] (saint Leonor) connu vers 540. En outre, son emplacement est censé être celui du monastère primitif, et le cimetière l'environne. En revanche, les reliques du saint signalées par Ogée — sa tête dans un reliquaire d'argent, et deux autres ossements dans deux reliquaires d'ébène vitrés — paraissent ne plus exister. Le promoteur Joly

Coiffe et costume traditionnels
de Saint-Lunaire.

Saint-Lunaire, côté est, vue du Décollé.

La vieille église. Elle enchantait Arthur de la Borderie.

La deuxième église. Un nouveau lieu de culte pour les villageois.

propose de construire une église neuve plus vaste, susceptible d'être le point de ralliement d'importantes manifestations religieuses. Il est soutenu par son ancien condisciple, l'archevêque de Rennes, Dol et Saint-Malo, Mgr Charles Placé, qui défend le projet en chaire le 12 février 1880. Rapidement, une vive opposition se fait jour, dont l'historien Arthur de la Borderie, dit « l'abbé », prend la tête, alors que le jeune vicaire Portier lutte pour la réalisation nouvelle. Un Lunairien écrit dans le journal de Rennes du 13 mai 1881 : « Comment se fait-il alors, qu'avant l'apparition de la Société des terrains, on n'ait jamais eu l'idée de la construire ailleurs ? » Le but caché de l'opération est d'une part de se débarrasser d'un terrain marécageux dit *Pièce verte* ou *Mare aux canards* qu'ils ne peuvent pas vendre avantageusement sans grands frais de drainage, et d'autre part de récupérer en plein bourg un terrain de premier ordre et une carrière de bonnes pierres. La municipalité consent à l'échange dans un premier temps. René Joly, inquiet du tapage fait autour du projet, change ses plans. Il propose de transformer l'église ancienne en musée. Sa société donne gracieusement à la commune le terrain vaseux proposé à l'échange, mais propose d'y construire la nouvelle église pour une somme qu'elle réduit à 90.000 francs. Joly a choisi naturellement comme architecte son collaborateur Émile Liège, auteur du plan de Saint-Lunaire baptisé du nom pompeux de « Nouveau Biarritz breton », pourtant aucunement habitué à de telles constructions. Après tribulations, elle débute réellement à l'automne 1881. Mais en novembre 1882, un orage gonfle le ruisseau voisin (le Crévelin) et provoque l'effondrement des murs inachevés, dont les fondations sont d'ailleurs insuffisantes, les prix ayant été tirés. Le travail recommence et l'inauguration a lieu le 1er août 1884, date exigée par Joly car elle correspond à la date du lancement officiel de la station. Son aspect « moderne » réjouit les esprits d'un public encore peu formé à la notion de patrimoine. Elle sera ensuite enluminée par le peintre dinardais Ménétrier, dotée de vitraux et de becs de gaz. Mais sa tour en béton sans flèche et coiffée d'un dôme de zinc baptisé « lessiveuse » par les opposants subira de nouveaux avatars dus à la foudre.

L'ancienne église, sauvée par La Borderie (alors que celle de Guignen[9] est scandaleusement rasée à la même époque), vit quatre tombeaux classés en 1893, mais pas le bâtiment car l'État ne souhaitait pas financer les travaux. Enfin, la Société archéologique, le Conseil général, La Borderie et la famille de Pontbriand s'unirent avec l'aide du maire pour les faire effectuer. En 1894, le comte de Palys, vice-président de la Société archéologique d'Ille-et-Vilaine, publie un rapport[10] sur les réparations exécutées. Il rappelle les menaces qui pesaient douze ans auparavant sur ce vénérable monument :

> Un boulevard devait traverser cette église, et (ceci n'est plus de l'archéologie, mais du bon goût et de l'intelligence du beau) faire disparaître le seul bouquet d'arbres du pays, quelques vieux ormes très pittoresques, qui ombrageaient le cimetière.

La nouvelle église rapetassée après son écroulement mais inspirant encore peu de confiance existait toujours parallèlement dans son fond marécageux. Palys écrit :

> Les spéculateurs, en donnant le terrain, ont naturellement donné un terrain dont ils ne savaient que faire, espérant que la construction de l'édifice attirerait dans ce marécage quelques habitations, et il n'en est pas venu. La tour de l'église neuve,

sur le haut de laquelle Saint-Lunaire est posé, les pieds sur une immense lessiveuse en zinc, s'est affaissée ou écroulée et a donné des craintes sérieuses pour la nef. Actuellement encore cette pauvre église s'affaisse ou s'évase, paraît-il, car on lui a mis un corset de fer qui l'enserre et la soutient et qu'on a recouvert d'une bande de ciment pour dissimuler l'horreur de la chose.

Un autre crime contre l'histoire et l'architecture sera commis en 1921, quand l'Auditoire de justice construit par René de Pontual en 1664 sera démoli avec célérité pour en empêcher le classement, mais là aussi Sylla n'y est pour rien.

À la recherche d'un sauveur

Pour se développer, il faut de plus en plus d'argent, mais le retour sur investissement et le rythme de revente des terrains n'est pas assez rapide et, en 1886, la *Société des terrains* est déclarée en faillite. Il faut rebondir car le projet reste excellent. On lit que c'est à travers leurs nouvelles relations avec Ferdinand de Rodays, directeur du *Figaro* et propriétaire du château du Port Riou à Saint-Énogat, qu'un nouveau souffle survint avec la constitution de la *Société Anonyme des Plages bretonnes* dans le conseil duquel figurent éditeur, architectes parisiens, dirigeants du *Figaro* dont les colonnes vont être le support de l'opération. Mais les relations de ces messieurs sont bien antérieures à la faillite de 1886, puisque dès décembre 1880 on lit dans un placard publicitaire du *Figaro*, paru sous le titre « Les terrains de Saint-Lunaire (Le nouveau Biarritz breton) » :

Il y a à l'heure qu'il est 5 à 600.000 mètres de terrain à vendre à Saint-Lunaire. Dans l'état actuel des choses les petites et les grandes bourses trouveront là de bonnes affaires à tenter, dans les conditions les plus faciles. Les petites bourses pourront avoir pour 20.000 fr., la clef dans la porte, une jolie maison et un jardinet. Les grandes bourses emploieront leurs capitaux à construire des villas luxueuses et des hôtels et à acheter des terrains qui vaudront d'ici peu 10 %. L'affaire de Saint-Lunaire est dirigée en ce moment par un groupe formé de banquiers de Rennes et de publicistes et d'architectes parisiens.

On cite aussi Lhotellier, notaire maire de Dinard. En outre, Sauffroy étant embauché dès 1880, lui non plus n'est pas un nouveau venu. La *Société Anonyme des Plages bretonnes* a donc dû se constituer très tôt et parallèlement à la première société.

De très solides bases du futur Saint-Lunaire sont ainsi posées ; une série de villas a fleuri sur le Décollé et ailleurs. Le *Grand Hôtel* avait été construit de 1880 à 1881, mais pour pousser les choses plus loin, créer une véritable cité, faire tourner une structure urbaine moderne, il faut une grande fortune, de l'intelligence et de l'audace, or la *Société des terrains*, même renouvelée, est à bout de souffle.

Laraque se trouve alors à Paris, à la tête dit-on de la troisième fortune de France (soi-disant d'après son compte en banque au Crédit lyonnais), ce qui est assurément exagéré. Les dirigeants de la Société n'ont de cesse de le rencontrer. Fut-ce lors de vacances sur la côte ou à Paris dans une rencontre de salon ou d'affaires ? Nous ne le savons pas. Assez curieusement, deux personnages ont des légendes parallèles. Certains auteurs écrivent que c'est Joly qui au cours d'une promenade imagina le nouveau Saint-Lunaire, d'autres que ce fut Sylla lui-même. Sylla, doué d'esprit analytique et de sensibilité artistique, est conduit sur les lieux. Il adhère au

Vue de Saint-Lunaire et de sa nouvelle église.

Ancienne image des Mielles. Quand les moutons paissaient dans les prés salés.

projet au premier coup d'œil, contemplant les quelques cabines roulantes qui alors meublent la plage, le *Grand Hôtel* dressé sur l'horizon, et les villas dispersées. Le pays est encore semé de hameaux aux maisons pittoresques à toit de chaume peuplées de femmes et filles de marins, cultivatrices ou bergères offrant des ressources de personnel. Sylla bénéficie d'ailleurs des expériences passées des promoteurs, notamment de celle, fâcheuse, de l'église neuve, pour savoir jusqu'où il peut aller. Dans ses opérations immobilières, il cherchera toujours plus le consensus avec la population que l'affrontement. Deux agences immobilières, Magronet, Rattier, proposent les terrains disponibles.

Saint-Lunaire aimée des peintres

À Saint-Lunaire, l'œil du promeneur est irrésistiblement attiré par la magnificence du site marin que beaucoup de pays peuvent nous envier. Il attire depuis longtemps peintres et autres artistes amoureux des arts graphiques, plus ou moins fortunés ou connus. Un des tout premiers connus n'est autre que le célèbre Eugène Isabey (1803-1886) qui le met en aquarelle en 1850. Henri Rivière (1864-1952), dès 1884, dessine la pointe du Décollé qui sera gravée sur bois en 1891. En 1890, sont présents Paul Signac (1863-1935), Victor Walsh-Jackson ; vers la même année Paul Waidmann (1860-1937). Gustave Loiseau (1865-1935), inspiré par Claude Monet et Pissaro, apparaît à partir de 1895. En 1921, Alexandre Nozal saisit sur sa toile le Décollé où pointe le sémaphore. Ce mouvement attractif n'a pas cessé depuis cette date.

Un promoteur visionnaire et fastueux

Sylla, sollicité, est l'un de ceux qui vont percevoir mieux que quiconque cette magnificence et nous devinons ce qu'il a dû ressentir, en voyant une telle beauté. C'est dans cette découverte esthétique que son esprit fertile élabore un projet qui vise à associer à la qualité du paysage un projet commercial élitiste. S'il choisit d'investir à Saint-Lunaire et pas à Dinard par exemple, c'est qu'il pense avoir vu un signe de la destinée dans la coïncidence de ses initiales *S. L.* avec celles de la commune. Ceci paraît exact et correspond tout à fait à la forme d'esprit haïtienne éprise de signes et de symboles. Mais il est difficile de savoir si cet homme, fin, ne lance pas ce propos à titre de calembour pour justifier sa réussite. Et la réussite à l'époque dans ce domaine, c'est un grand établissement hôtelier susceptible de recevoir les gens du grand Monde. Bien que l'on ne possède pas la date exacte de sa venue à Saint-Lunaire, tout indique 1888, voire fin 1887, car en 1889 il achète le plus bel établissement du pays : le *Grand Hôtel*.

En novembre 1891, il achète le terrain de la future villa *Marcelle* sur le Décollé. On le voit apparaître officiellement, pour la première fois, dans un compte rendu de délibérations du Conseil Municipal le 28 février 1892. Cette réunion concerne sa demande d'acquisition, sur le domaine maritime, d'un terrain bordant l'un de ses biens (Celui-ci n'est pas précisément désigné dans le compte rendu de réunion. Il peut aussi s'agir du Décollé ou de la plage devant le *Grand Hôtel)*. Cette demande nous permet de comprendre que Sylla a déjà un projet bien arrêté concernant son emprise immobilière. Le Commissaire enquêteur saisi pour cette affaire conclut au rejet, en invitant toutefois le Conseil

La Constantine, villa de style mauresque.
Le guide Joanne la remarquait dès 1901.

La rue de l'Église.

Municipal à statuer. Celui-ci, après en avoir délibéré, rejette cette requête en invoquant la beauté naturelle de la côte et la nécessité de protéger les besoins des bains de mer et de la « batellerie ». Cette vente ne sera ainsi pas conclue. Ces honorables scrupules vont rapidement évoluer !

Ce n'est qu'une première approche, et son origine étrangère — le fait qu'il soit encore peu connu — joue peut-être contre lui puisque bientôt d'autres tentateurs aux semblables menées vont être écoutés. Sylla s'associe rapidement à ces projets qui promettent d'être rentables.

En 1901, le guide Joanne donne 1.415 habitants pour Saint-Lunaire et signale, parmi les villas les plus remarquables, la *Constantine*, de style mauresque.

En 1910, paraît, imprimé à Paris, un rarissime petit ouvrage de huit pages, signé par un certain Yves de Kerradec, sous le titre *Souvenir. Saint-Lunaire et le Décollé*. À l'époque où paraît ce petit guide, Laraque a déjà, en près de vingt ans, marqué Saint-Lunaire de son empreinte. L'auteur commence par localiser la petite cité par rapport à Saint-Malo et à Dinard. Il précise sa population — 1.500 âmes — et souligne sa profonde transformation au cours des dernières années. Après avoir donné quelques pistes historiques et évoqué le saint local, il décrit la vieille église et ses tombeaux. Il aborde ensuite la description du Décollé, avec sa grotte des Sirènes et son *saut du chat*. Il signale que c'est là que les familles de marins viennent examiner les navires au large. Il en signale l'admirable vue. Il conclut que ces lieux sont un des points les plus curieux d'une côte d'Émeraude qui ne manque pas de souvenirs. Aucune allusion n'est faite aux commodités touristiques qui sont sous-entendues. Cet opuscule, aussi modeste fut-il, répond parfaitement aux besoins culturels des vacanciers limités par le temps dans leur découverte du site. Saint-Lunaire, comme ses grandes sœurs, avait ainsi un guide !

Après une présence de plus de trente-cinq ans à Saint-Lunaire, Sylla, âgé de 68 ans, fait un ultime effort d'investissement en 1923. Une nouvelle *Société Immobilière parisienne de la Plage de Saint-Lunaire* est constituée à Paris avec un siège situé au 45 boulevard Hausmann, dont Sylla Laraque et monsieur Léonce sont actionnaires. Elle réalisera d'importants travaux comme le nouveau et dernier lotissement du Décollé portant sur 7.000 m² qu'elle possède à partir de 1926, la longue digue de Longchamp en 1930, et l'aménagement massif des dunes pour y implanter de multiples constructions et aménagements y compris un modeste port sous la Garde Guérin. Mais, toute cette activité, Laraque ne la connaîtra pas car il décède, comme nous le verrons, en 1924.

Restent, hors la mémoire collective et les mythes récurrents, les vrais et les faux bruits, les traces matérielles de son passage, ses réalisations immobilières et structurelles, que nous allons maintenant évoquer.

Multipropriétaire, Laraque fut responsable de la transformation du *Grand Hôtel*, de la réalisation de plusieurs autres, de la digue de la plage, du casino, des tennis, du salon de thé du Décollé, du télégraphe, de l'usine électrique et de l'électrification générale, de l'usine à gaz, du logement du personnel du *Grand Hôtel* et du *Grand Garage*, d'une menuiserie, d'une blanchisserie, de plus de 17 villas (certains écrivent 21) et de la viabilisation de multiples terrains.

Nous allons maintenant examiner une à une ses principales réalisations.

Le Grand Hôtel, le Casino

Une structure ambitieuse

Saint-Lunaire, site charmant et protégé de chaque côté par de hautes falaises, dispose d'une belle plage en pente douce, calme. Elle offre une vue merveilleuse. L'endroit paraît idéal pour le développement souhaité par monsieur de Rodays et sa *Société Anonyme des Plages bretonnes*. Le projet implique obligatoirement la création d'un hôtel de qualité susceptible de recevoir une clientèle huppée et par conséquent difficile : ce sera le *Grand Hôtel*. Rodays fait intervenir l'architecte parisien Sauffroy, à qui est confiée la tâche d'établir les plans du futur établissement. En 1882, le *Grand Hôtel de la plage* bénéficie d'une riche publicité dans le guide Coni appuyée d'une vue gravée. Des services particuliers d'autobus relient l'hôtel à Dinard, en correspondance avec les chemins de fer et les bateaux passeurs.

Ce talentueux professionnel réalisa l'un des plus beaux établissements de la côte bretonne, que Sylla Laraque rachète en 1889. L'hôtel est édifié en pierres du pays et briques, ces dernières fournies par la briqueterie Sonis de Dinard. Il couvre une surface de 1.100 m^2 et sa façade fait 60 mètres de long. Le rez-de-chaussée comporte réception, bureau d'administration, salle à manger immense avec baie vitrée donnant sur la mer, deux salons, salle des fêtes, bar, et appartements de direction. Les étages sont desservis par un ascenseur, un grand escalier et un monte-plats. L'entresol comporte 29 chambres, les deux étages supérieurs disposant chacun de 31 chambres avec 9 bains, le troisième en offrant 33 avec 4 bains.

La partie technique se situe dans la partie est, où se tiennent chambres froides, pâtisserie, cafétéria, office et lingerie. La cuisine sera installée dans un bâtiment rapporté côté route. Le sous-sol, qui s'étend sous l'ensemble du bâtiment, comprend une chambre froide, un garde-manger et trois caves successives. La première abrite la cuisine et des réserves de première consommation : vins mis en bouteilles, pains, légumes, produits laitiers, etc. Elle est accessible par un escalier en bois d'une architecture tout à fait particulière. Il y a aussi quelques chambres pour le personnel avec fenêtre sur mer.

La seconde cave reçoit les énormes tonneaux provenant du Bir-Chana ainsi que d'autres denrées non périssables nécessitant une certaine fraîcheur ambiante. La troisième recèle des grosses cuves étanches servant à recueillir les eaux de pluie qui, filtrées, sont réutilisées pour les besoins internes. On peut penser en premier examen qu'elles servent aux aisances, mais l'existence d'une cuve spécifique dans l'aile côté Décollé le dément. Celle-ci, pourvue de gros robinets ou vannes, donne sur la grande plage de Saint-Lunaire. On l'ouvre les jours de grandes marées, moins soucieux de l'environnement et moins conscients de l'hygiène publique que de nos jours.

La cave se compose au minimum de deux sous-sols. Certaines personnes parlent de trois.

On pourvoit ce superbe établissement de tout le confort possible à l'époque : des perfectionnements sanitaires modernes. Il est d'abord éclairé au gaz dont le manchon de bec de gaz à incandescence est développé par Welsbach en 1885, puis par des lampes électriques inventées par Edison et Swan en 1887. Après 1905, on note un ascenseur égale-

Aux premiers temps du Grand Hôtel...

La façade du Grand Hôtel, côté ville.

André Theuriet

Ève Lavallière

Adelina Patti

Quelques-unes des célébrités qui fréquentaient le Grand Hôtel.

ment électrique, des salles de bains individuelles, des water-closets dernier modèle fournis par la Maison Helbling de Zurich, dont la réputation est alors universelle.

L'extérieur, éclairé par de grands lustres muraux dont l'alimentation varia avec l'évolution de la technologie, présente une terrasse couvrant une superficie de 450 mètres carrés, abritée par un vélum sur toute sa surface. Elle subira toutes sortes de transformations allant jusqu'à la rotonde de béton dans les années trente, comme on peut le voir sur les cartes postales.

Le *Grand Hôtel* de Saint-Lunaire est certes un très bel ouvrage, mais Sylla Laraque, devenu propriétaire en 1889, pense qu'un ensemble de structures complémentaires est nécessaire à la bonne marche d'un tel établissement. Une nouvelle campagne de travaux s'amorce qui dure jusqu'à l'après-guerre. Le bâtiment subit plusieurs modifications architecturales, en particulier sur la façade face à la mer où apparaissent une verrière et des vélums, verrière remplacée dans les années vingt par une galerie avancée et vitrée montée sur piliers. Au fil des modifications, le double escalier d'accès à la digue promenade prend de l'ampleur pour devenir un restaurant-salon de thé.

Une clientèle raffinée et des distractions

Dès le début, les touristes affluent très nombreux. La clientèle est comme à Dinard à 70 % étrangère, surtout anglaise et américaine. Une clientèle française huppée et parisienne, l'affronte avec passion dans des concours d'élégance pédestre ou bientôt automobile.

À la Belle Époque, se côtoient dans l'hôtel et la ville pendant la saison qui dure six mois, hommes et femmes célèbres comme l'architecte Sauffroy, Maignan, le baron Émile de Kerpezdron[11], Guesne et le banquier Joly. Saint-Lunaire reçoit également le marquis Robert de Flers, André de Cavaillet, la reine Marie de Roumanie[12] et son fils Michel, Ève Lavallière[13], André Theuriet[14], Adelina Patti[15], Émile Bergerat[16] de l'Académie Goncourt, dont l'épouse Estelle est la fille de Théophile Gautier[17], etc., des gloires du demimonde et toute la faune qui entoure la richesse, et bien sûr les peintres évoqués plus haut.

L'hôtel étant bâti au bord de l'estran, les vacanciers, installés dans la grande salle à manger vitrée donnant sur la mer, peuvent admirer le site féerique de la plage ainsi que les rochers qui l'environnent, et s'émerveiller de voir sa digue battue par les hautes marées.

Sur la grande terrasse, on donne des « five o'clock » musicaux, pendant lesquels jouent des orchestres à la mode, pendant que se nouent des flirts plus ou moins discrets.

Les personnes qui fréquentent le *Grand Hôtel* ont un accès direct à la mer par deux escaliers partant du jardin qui leur permettent d'aller tremper leurs maillots très couvrants avec rapidité et discrétion.

Dans les années 1895, on joue gros au casino voisin, mais on y donne aussi des spectacles : saynètes ou pièces de théâtre telles que le révèle un programme de l'époque. Il y a aussi des batailles de fleurs. Mais la grande affaire de ces gourmets reste la gastronomie, et même l'œnologie qui constitue un point important.

Programme du casino en 1895.

CASINO DE SAINT-LUNAIRE

(Saison 1895)

DIRECTION DE M. Y. MARTEL

(2e ANNÉE)

REPRÉSENTATIONS THÉATRALES

Comédies, Vaudevilles, Opérettes, Pantomimes

Concerts

(*Dimanche, mardi, jeudi*)

SALON DE LECTURE & DE CONVERSATION

Cercle, Petits-Chevaux

CAFÉ DU CASINO

Abonnements donnant droit à tous les Spectacles de la saison avantage de 25 °/o sur le tarif des entrées

Jeudi 25 Juillet 1895

à 8 h. 1/2 précises

Le Bourreau des Crânes

Comédie-Vaudeville en 3 actes de MM. Lafargue et Sirandin

DISTRIBUTION

Lonjumeau	MM. Kerny
Coquelet	F. Barré
Arthur Flauchard	Gouget
Baptiste	Daumouche
Le Contrôleur	Casadessus
Un garçon de théâtre	Daumont
Madame Coquelet	Mmes Darty
Eugénie	Messager
Rosine	Lise d'Or

Dimanche 28 Juillet

LE MEURTRIER DE THÉODORE

Comédie-Vaudeville en 3 actes

Le Grand Hôtel aujourd'hui. L'ancienne cave à vin et son escalier (bois) d'époque.

Des boissons fortes

De précieuses cargaisons de vins sont directement déchargées sur la Grande Plage de Saint-Lunaire. Monsieur Lamandé (Lunairien bien connu) racontait à son fils qu'il trouva sur la grève des tonneaux de vin de Bir-Chana, tombés sans doute à l'eau par une mer houleuse. Il avait aussi souvent vu de grands bateaux qui appartenaient à Sylla Laraque arriver tout droit d'Afrique du Nord. Ils jettent alors l'ancre entre le Grand Lambert et mi-grève, et d'énormes chaloupes vont chercher le fret liquide. Ce transport ne se fait que lorsque la mer est pleine, le chemin à parcourir entre la plage et l'hôtel étant alors plus court. Les énormes fûts s'appellent des *muis*. Leur contenance est de 595 litres. Leur épaisseur est considérable, de plus de huit centimètres : il faut en effet qu'ils soient très solides pour le long transport terrestre et maritime. Débarqués sur la plage, ils sont rapidement comptabilisés, et peut-être Sylla, très interventionniste, est-il présent lui-même sur la plage, veillant à la bonne manœuvre des opérations. Du personnel de l'hôtel vient prêter main-forte. Il faut ensuite les charger sur de gros diables tirés par des chevaux, puis enfin les stocker dans les caves du *Grand Hôtel*.

Ce cru provient de Tunisie d'un domaine du nom de Bir-Chana, non loin de Zaghouan, que Sylla Laraque acquiert vers 1903. Sylla possède également le domaine d'El Kantara. Les deux vignobles produisent des rouges, des blancs, du muscat, des eaux de vie de vin et de marc d'excellente qualité.

Un palmarès élogieux en résulte que nous reproduisons ici car les papilles des clients du *Grand Hôtel* en furent les bénéficiaires : médaille d'argent à Tunis en 1907, trois de même à Paris en 1909, 1910, d'or à Paris en 1907, 1909, 1910, d'or à Nancy en 1910, diplôme d'honneur à l'exposition internationale de Bruxelles en 1910, médaille d'or à Roubaix, grand prix de Gang 1913, médaille d'or à Paris en 1914.

Direction et personnel

Sylla Laraque achète l'hôtel en 1889[18], soit huit ans après sa livraison. Il regretta toujours de ne pas en avoir été le premier directeur, car il aurait, dès l'origine, orienté son exploitation différemment. Après son décès en 1924, le *Grand Hôtel* sera géré par monsieur Huteau, gendre de Sylla, et son épouse Anne Maria, une des filles de Laraque. Puis ce sera la tâche de monsieur Paillard. Celui-ci, avant 1937, se fait aider par un homme de confiance, Félix Budes, qui devient son bras droit.

Le personnel est hautement qualifié. Il se compose de 90 personnes : directeur, maîtres d'hôtel, cavistes, gouvernante, valets et femmes de chambre. On avait l'habitude de dire dans le pays que les personnes qui venaient travailler au *Grand Hôtel* et arrivaient avec un simple ballot de linge se retrouvaient habillées de la tête aux pieds avec des vêtements flambant neufs. Le métier était enseigné par de bons professionnels à ces ex-marins, petites paysannes ou simples maœuvriers. Selon certains auteurs ayant traité de Saint-Lunaire, les salaires sont très faibles et le travail dur. C'est là une vision bien citadine et bien moderne. La condition agricole ou maritime, sans aucune protection sociale, sans hygiène ni contrôle médical, à revenu très faible et irrégulier, est alors infiniment plus dure que le travail dans

Visages disparus.
Le personnel du Grand Hôtel.

La plage vue de la terrasse du Grand Hôtel.
Le symbole de l'essor balnéaire.

l'hôtellerie. Il est certain en revanche que la pression sociale est très forte et l'écart très grand entre un modeste serveur et une baronne allemande en vacances. En revanche, la fréquentation de ces milieux huppés, l'auto-éducation qu'elle impliquait, sont pour beaucoup la première marche vers une ascension sociale qui n'aurait pas existé sans la « balnéarité ».

Le personnel du *Grand Hôtel* utilise, pour boire en bons Bretons de la frontière nord, la boisson hygiénique du terroir : le cidre. De par les vertus diurétiques du breuvage, les braves employés ne sont certes pas sous l'emprise de l'ivresse, mais fréquentent plus que de coutume les toilettes. Sylla, dans une vision toute tayloriste, constate, montre en main, que ceci présente un inconvénient à la bonne marche du service. Pour mettre un terme à ces va-et-vient qui perturbent le travail, et peut-être aussi par économie, il a l'idée d'utiliser l'excellent vin de table produit par son domaine du Bir-Chana. Celui-ci est servi aux employés sous le nom de *Birmana*. Il ne réalise pas qu'il crée là une habitude des plus dangereuses !

L'hôtel et la Grande Guerre

En 1914-1918, le *Grand Hôtel*, qui a perdu une partie de son personnel (71 hommes disparaîtront sur la commune), sera réquisitionné pour devenir un hôpital provisoire. Les touristes se sont envolés. Il accueillera des Belges, des Hollandais, des Français, des Algériens et des Congolais, etc. La plupart de ces malheureux souffrent de graves brûlures dues au froid glacial qu'ils ont rencontré sur le front. Des cartes postales portent le cachet de cet hôpital.

Il procure aussi des classes aux 500 enfants des écoles communales de Nancy qui sont réfugiés là en raison des destructions massives de l'habitat civil à la fin du conflit[19].

L'entre-deux-guerres

Les années d'après-guerre vont redonner un peu de lustre à l'hôtel, mais l'activité principale tourne autour du casino. Dans les années trente, le *Grand Hôtel* a déjà beaucoup vieilli. La toiture est passablement vétuste. De par l'humidité qui en résulte, le propriétaire est chaque année obligé de faire retapisser les chambres du dernier étage. On compta ainsi, lors de la vente de l'hôtel et de sa réfection, quelque onze épaisseurs de papier peint !

Le *Grand Hôtel* reste longtemps un des lieux les plus importants pour le tourisme de Saint-Lunaire. Sa situation près de la mer et sa beauté architecturale lui valent d'être très prisé, mais la Seconde Guerre et l'évolution de la demande vont lui porter un coup fatal.

Le Grand Hôtel pendant la Seconde Guerre mondiale

La déclaration de guerre de 1939, avec le départ de nombreux jeunes gens sous les drapeaux, provoque des problèmes dans l'hôtellerie.

Dès le début de la guerre, le service de santé de l'armée prend possession de l'*Hôtel du Golf*, de l'*Hôtel de Paris* et du *Lutétia* pour y implanter des hôpitaux auxiliaires.

Par la suite, en prévision de l'évacuation des départements du Nord, l'autorité administrative informe le Maire que sa commune a été désignée comme base de repli, pour accueillir les employés de la Société de Crédit de la ville de

Tourcoing (soit un effectif de 800 personnes, plus quelques autres). La ville manquant de place, il faut construire des baraquements dans un quartier de Longchamp.

En mai 1940, beaucoup de soldats des armées alliées défaites en Belgique et dans les Flandres, ainsi que de nombreux civils arrivent en Bretagne.

Le *Grand Hôtel* et son annexe sont mis à leur disposition. Ils accueillent plus de 300 réfugiés qui ont tout perdu. La municipalité de Saint-Lunaire doit faire face à d'insolubles problèmes.

Le 20 juin et les jours suivants, les Allemands arrivent à Saint-Lunaire. Un capitaine allemand se présente à la Mairie en tant que commandant de la place. Il fixe la résidence de la Kommandantur au *Grand Hôtel* dont les Allemands vont se servir également comme caserne. Les propriétaires ont caché tous les alcools dans le deuxième sous-sol après l'avoir muré discrètement. Les Allemands ne trouveront jamais cette cachette.

La Kommandantur se transporte ensuite à l'*Hôtel d'Angleterre*, puis dans la villa de monsieur Rouxel, actuellement rue Alexandre Devaux.

La période moderne

Ces différentes occupations de civils et de militaires vont apporter les plus graves dommages au *Grand Hôtel*, le rendant difficilement exploitable sauf énormes investissements.

C'est en 1954 que les derniers propriétaires, présents à Saint-Lunaire depuis 1922, trop âgés pour continuer à diriger l'établissement, le vendent en appartements. Peu à peu, des constructions parasites viennent s'accoler au *Grand*

Hôtel, modifiant son esthétisme naturel. De nos jours, la célèbre cave à vin ne sert plus que de rangement et de débarras aux copropriétaires...

L'espace réservé au Casino

En 1902, le *Grand Hôtel* s'élevant à l'ouest de la plage bordée par une digue promenade, le projet de Sylla est l'établissement, immédiatement sur son côté est, d'un casino indispensable au développement global. Le terrain de Laraque est coupé par le chemin n° 24 dit de *la Poste*, large de 5 mètres, peu utilisé par le public. Plus à l'est de sa propriété existe un modeste chemin n° 23 de 3 mètres de large dit *ruelle de la plage*. Un échange est décidé par délibération municipale du 23 avril 1902. Laraque récupère le chemin de la Poste et cède à l'est une bande de même largeur qui permet d'élargir le chemin n° 23 à 8 mètres. Laraque s'engage aussi à le viabiliser dans un délai de six mois, le terminant aux extrémités par deux pans coupés, un escalier en pierre de 2 mètres permettant de descendre vers la plage. Une enquête *commodo* et *incommodo* est tout à fait favorable à ces mesures. Une pétition de 164 personnes déclare même le projet positif pour le pays.

Mais une farouche résistance se fait jour. Un propriétaire voisin, A. Sauffroy, le constructeur du *Grand Hôtel*, possède en effet une villa *Castel Sauffroy* qu'il occupe ou loue l'été de l'autre côté du Grand boulevard en face de l'endroit où le chemin n° 23 débouche sur la mer. Il voit d'un très mauvais œil la possibilité qu'un grand édifice occulte sa vue sur mer. Il se constitue un parti d'habitants qui, selon l'avocat de Laraque, lui retirent ensuite leur appui.

Le Grand Hôtel et son casino. Un cliché pris vers 1905.

Maires de Saint-Lunaire
à l'époque de Laraque, père et fils

1871-1884	Henry Touchet
1884-1812	Alphonse Ollivier
1912-1921	Auguste Poulain
1921-1929	Édouard Sauffroy
1919-1935	Alexandre Devaux
1935-1942	Joseph Viel
1942-1945	Léonce David
1945-1953	Ary Le Dantec

Sa protestation reste un instant toute personnelle. Le 13 avril 1902, le conseil municipal, dans l'embarras, demande la ratification de l'échange à l'autorité compétente. Mais Sauffroy est parvenu à se faire entendre à la préfecture et une enquête est diligentée, qui conclut cependant comme la première. Pour la troisième fois, le 25 mai, le conseil approuve l'échange. Sauffroy contre-attaque, il propose de donner 1.000 frs pour maintenir et aménager les accès existants. Laraque, pour tenter de calmer les choses, fait des propositions constructives : ne pas construire sur le chemin de la Poste annexé, ouvrir une porte à l'entrée de ce chemin et remettre une clef de la porte à Sauffroy lui laissant libre passage. Celui-ci souhaite à toutes forces que l'on ne construise qu'à l'extrême est de la plage. Il essaye de trouver des arguments non personnels pour défendre sa position. Il plaide que la sécurité des baigneurs, risquant d'être surpris par la mer, exige le maintien du chemin public, que cette rue classée dans la voirie par décision de la Commission départementale d'Ille-et-Vilaine est inaliénable, que la commune est liée par un véritable contrat envers les propriétaires des terrains achetés à la suite du lotissement réalisé par la *Société anonyme des terrains de Saint-Lunaire*. Le 25 août, il offre 2.500 frs au Syndicat des chemins ruraux de la commune, obtenant son soutien. Le 16 août, Laraque doit écrire depuis Monchy-Humières au maire pour rassurer la receveuse des Postes qui croyait son logement, au coin du chemin n° 24, menacé. Il est certain que Sauffroy n'apprécie pas la mainmise de Sylla sur une grande partie du pays. À la suite de cette agitation, le rapporteur de la Commission départementale se rend à Saint-Lunaire, voit Sauffroy mais ni le maire, ni Laraque, non avisés. De ce fait, il n'entend qu'une version et conclut au rejet de l'échange préparé. Laraque doit faire appel au Conseil général d'Ille-et-Vilaine contre cette décision de la Commission départementale du 30 octobre, qui contrarie ses projets. Il fait établir un exposé des faits par P. Durnerin, avocat au Conseil d'État, qui commence à rappeler l'œuvre de Sylla et les bénéfices communs, et souligne que la réalisation du casino est pour la commune une nécessité vitale. Son long plaidoyer n'est pas couronné de succès puisque le casino ne sera pas construit à l'endroit prévu. Nous découvrons le « casino projeté » sur un plan postérieur à 1907 (les tennis y figurent) à côté du *Grand Hôtel*. Il en a presque les dimensions au sol, s'il n'en a pas l'élévation. Le plan tardif prouve que Laraque n'a pas renoncé, mais il ne parviendra jamais à le réaliser sous cette forme.

On monte un casino

Ne pouvant attendre d'avoir contré Sauffroy pour répondre à la demande de sa clientèle, Sylla est contraint en 1905 de construire un vaste appendice au *Grand Hôtel* en terrasses superposées côté mer, pour dégager la place pour un casino au centre de l'hôtel même, faute d'autorisation de le bâtir. Sylla est le seul promoteur de cet établissement où il instaure toute une animation. On y joue à la boule et au baccara, mais également au billard qui est très prisé à l'époque. On y présente aussi des spectacles.

Le Grand Hôtel. Les derniers aménagements de la terrasse.

La terrasse sous le restaurant du Grand Hôtel.

Le Grand Garage et le logement du personnel du Grand Hôtel

Un véritable petit hôtel héberge les gens de maison.

Ce logement des domestiques abrite en sous-sol le *Grand Garage* où de splendides véhicules se font briquer par des chauffeurs galonnés. On y pratique surtout des opérations d'entretien (nettoyage, graissage, vidange) et non de grosses réparations ; des fosses établies à la périphérie servent à la récupération des huiles usées. Selon monsieur Fenice[20], il existe, sous le *Grand Garage*, une deuxième cave. Cette immense fosse remplie d'eau aurait pour but de stabiliser le bâtiment. Ce procédé a été utilisé dans des sites présentant une certaine instabilité du sol. Il ne faut pas oublier que cette importante construction est érigée sur le sol sablonneux en bordure du ruisseau le Crévelin. Le procédé est efficace puisque le bâtiment résiste à toutes les intempéries.

La propriété de l'édifice passe ensuite à monsieur Paillard. Il est devenu une résidence pour colonie de vacances.

La Digue de la plage

La digue de la plage restera l'une des œuvres les plus ambitieuses de Sylla. Sa construction est réalisée en 1908, entièrement faite en granit et garnie d'une balustrade en fonte et fer forgé. Face à la mer, elle doit supporter l'assaut des fortes marées sans fléchir, l'édification de cette digue étant avant tout un moyen de protection contre les éléments naturels. Son efficacité est prouvée lors des nombreux

Le Grand Garage. Le personnel du Grand Hôtel logeait dans les étages supérieurs.

« coups de tabac », comme on le dit dans notre pays. Elle devient aussi l'assise, le piédestal du *Grand Hôtel* qu'elle protège désormais. Elle constitue un lieu idéal pour la promenade en solitaire, en couple et en famille.

Une stèle y a été érigée à la mémoire de Sylla en août 1994. La digue de la plage a pris le nom bien justifié de *Promenade Sylla Laraque*.

La Menuiserie

Elle est édifiée en 1907. Cet atelier a une fonction de complémentarité pour toutes les structures existantes autour du *Grand Hôtel*. Elle sert aussi aux divers travaux des villas, louées ou non. À cette époque où le bois domine, sa fonction est essentielle. Le confort des clients exige évidemment des réparations immédiates.

La Blanchisserie

Elle est également réalisée en 1907, qui paraît bien avoir été une année décisive pour Laraque. Nous verrons que c'est de cette année que date aussi l'usine électrique.

Située boulevard du Port, nommée aussi la buanderie, elle est implantée sur une superficie de onze ares et neuf centiares. Elle est construite en pierres du pays et en bois, et couverte de tuiles mécaniques. Elle comprend trois pièces à usage d'habitation dans sa partie nord, le grand atelier de traitement du linge se situant dans la partie sud.

Une petite maison est située en discontinuité à l'est du bâtiment précédent. Couverte dès cette époque de fibrociment, elle comprend un débarras au rez-de-chaussée et deux pièces à l'étage.

Dans la cour, entre les deux bâtiments, se trouve un hangar. Une citerne à eau de grand volume est enfouie dans le terrain derrière la maison. Elle descend à plus de six mètres de profondeur. La vétusté des installations subsistantes, la détérioration des tuyaux n'ont pas permis de comprendre leurs usages respectifs. La citerne paraît avoir servi à récupérer des eaux de pluie. Un autre tuyau évacue les eaux usées vers le petit cours d'eau le Crévelin.

Cette blanchisserie sert essentiellement à l'entretien des draps, de la lingerie hôtelière et domestique, au nettoyage des vêtements de travail. D'habiles repasseuses entretiennent aussi les toilettes de luxe des dames, les costumes, chemises et cols empesés des messieurs.

Le Golf

La décision de création du golf date de décembre 1890. Il eut des débuts bien modestes. Il passe de 7 trous en 1890 à 9 trous en 1891, puis à 18 en 1899. Le terrain situé dans la zone dunaire des Mielles, plage de Longchamp (ancien port de la Fosse), est cédé en 1891 au *Dinard ladies club* qui y installe son club-house privé. Jean-Pierre Bihr pense qu'un golf sauvage s'y pratiquait dès 1888. C'est une aubaine pour les petits ramasseurs de balles et porteurs du matériel, qui recevaient parfois de somptueux pourboires. Un hôtel est construit qui prend le nom *d'Hôtel du Golf.*

Les tennis. Encore une création de Sylla Laraque.

Les Tennis

Sylla, dans ses vastes conceptions, ne néglige aucun détail, y compris la distraction des sportifs. Il réalise en 1907 la mise en place de douze courts de tennis. L'homme d'affaires, de lettres et les autres personnalités peuvent désormais s'adonner à ce sport très physique, sur des cours dignes des plus grandes agglomérations. Un club voit le jour, présidé par le docteur Martin. En 1922, en une seule semaine d'août, pas moins de 605 parties seront disputées. Le 25 janvier 1924 est créée l'*Association sportive du Tennis club de Saint-Lunaire*, ayant pour premier Président le docteur Pierre Mortier. Mais Sylla n'en recevra pas, comme chez les archers de Monchy, un grade honoraire car il meurt la même année. Son fils Louis héritera de la gestion.

À la suite du non-paiement de soultes dues à certains héritiers, ceux-ci sont devenus créanciers hypothécaires et obtiennent en 1934 la saisie des terrains pour les faire vendre.

Leur exploitation s'avère cependant intéressante à une époque où la saison compte trois mois d'été pleins, outre l'importante avant saison commençant à Pâques, comme l'a parfaitement souligné Henri David[21].

La mairie de Saint-Lunaire est déclarée adjudicataire pour 101.000 frs le 10 juillet 1939, mais la guerre survenant, la commune ne consigne pas la somme. Cependant, les délais de surenchère continuent à courir. Les modalités de cette première acquisition sont contestées par Louis Laraque. Ce dernier va jusqu'au Ministère de l'intérieur pour se plaindre des agissements de la municipalité, du non-paiement du prix et de l'absence de purge des hypothèques. En 1940, les tennis sont déclarés d'utilité publique.

Pendant l'occupation, les Allemands, dont la caserne est non loin de là puisqu'il s'agit du *Grand Hôtel*, utilisent les tennis pour y faire leur gymnastique et leurs exercices de combat. Selon Henri David, ils les ont baptisés « Stellplatz ». C'est le lieu d'entraînement de recrues, de plus en plus jeunes à cause des pertes colossales subies en Russie. Leur formation se fait à la prussienne et les commandements hurlés effraient la population. On assiste même à des gestes de révolte des conscrits qui arrachent des poteaux et des grillages.

Sur une action intentée par l'un des créanciers à l'encontre de Louis Laraque et du tiers détenteur (la mairie de Saint-Lunaire), les tennis sont saisis et remis en vente en septembre 1948. Faute d'un accord amiable avec Louis et les autres héritiers créanciers, la mairie met en œuvre une procédure d'expropriation. Elle devient définitivement propriétaire des tennis aux termes d'une ordonnance du tribunal civil de Saint-Malo en date du 6 janvier 1949 pour la somme de 1.600.000 F.

La mairie, qui a confié en 1947 la gestion des tennis à l'*Association Sportive du Tennis Club*, l'attribue définitivement à cette dernière le 1er mai 1952.

Le Salon de Thé de la pointe du Décollé

Sylla possède également, à la pointe du Décollé, un Salon de Thé, qui n'est à l'origine qu'une annexe du *Grand Hôtel*.

L'entrée du salon de thé du Décollé (Tea Garden).

Le Tea Garden dans sa version primitive.

C'est un curieux bâtiment carré et crénelé, baptisé justement par Léo Kerlo et René le Bihan « fortin d'opérette », entouré de longues murailles complétées de points d'observations surplombant les rochers sans danger pour les touristes. Les touristes s'y rendent en calèches à huit ressorts qui assurent un excellent confort aux passagers. Les attelages sont blancs, flanqués de laquais. Ces équipages reçoivent souvent, en échange de leur course, un pourboire en or. Inutile de dire que, dans ces conditions, les coursiers attendent patiemment le retour de leurs précieux promeneurs.

Selon monsieur Lamandé, les calèches appartiennent respectivement à deux entrepreneurs de transports : la maison Marzin qui en possède quatre ou cinq, et la maison Landrin qui en détient trois ou quatre. Selon Henri David, le Décollé devient rapidement le quartier résidentiel des industriels du Nord, affairistes, militaires ou diplomates, nobles qui viennent souvent y prendre leur retraite.

Mais la multiplication des constructions va, comme à Dinard, raréfier les espaces à bâtir, et les investisseurs vont tenter de s'étendre de façon anarchique. Il est vrai que l'environnement est encore une notion plus que balbutiante.

Les villas de Sylla

Il y aurait eu en tout de 17 à 21 villas (selon les auteurs) construites pour les besoins de la famille Laraque ou dans des buts spéculatifs. Les plus connues sont *Bagatelle, Elmire, Marcelle, Alice, La Martinique, Caprice, Les Quatre Saisons*.

Le Tea Garden réaménagé.

La terrasse du Tea Garden.

La villa Bagatelle. Elle porte aujourd'hui le nom de Résidence des Jardins de Bagatelle.

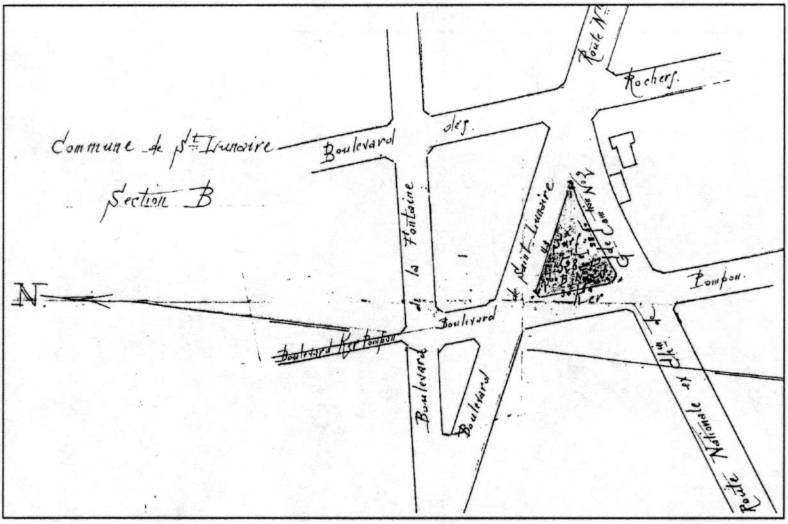

Plan d'une partie des jardins de Bagatelle dont Henri Laraque fit don à la ville de Saint-Lunaire en 1933 (partie en forme de triangle). Extrait du registre des délibérations.

La villa Bagatelle

Cette demeure sera transmise par Sylla Laraque à son fils Henri Alphonse Laraque, ministre plénipotentiaire et à Maria Isabelle Carriedo y Rodriguez son épouse. Ce couple est alors domicilié au Château des Tourelles au Vésinet (Yvelines).

En 1933, Henri Laraque décide de faire don à la ville d'une partie des jardins de *Bagatelle*. Il en résulte plusieurs délibérations municipales, l'une du 21 mai 1933 et l'autre du 20 août de la même année. Dans cette séance, il est décidé de demander à l'autorité supérieure que la donation prévue soit déclarée d'intérêt public, puisqu'elle embellit considérablement la station. Cette réunion a été précédée de l'envoi d'une lettre exposant la généreuse proposition au Préfet. La seule condition mise à cette donation est que la municipalité s'engage à faire de cette petite place de 528 m^2, située en face de la villa, un joli jardin et à ne jamais rien y construire. Une plaque mentionnant les donateurs doit auusi y être apposée.

Le jardin est réalisé par l'architecte Voyer sur les plans dressés par monsieur Aillerie.

La villa devient par la suite propriété de madame Joséphine Louis Le Berre (ex-épouse Rizenthaller), acquise après son divorce. La vente est conclue chez maître Dabout, notaire à Matignon, le 18 janvier 1954, pour 1.900.000 anciens francs. Elle parvient ensuite par donation à son fils Paul Ritzenhaller, héritier unique.

La villa Elmire

Cette villa est certainement un des lieux favoris de Sylla. La villa porte en effet le prénom de sa mère (Elmire Lorquet) et c'est probablement par respect filial qu'il l'a nommée ainsi. C'est aussi son domicile officiel dans son acte de décès rédigé à Neuilly-sur-Seine.

Après le décès de Sylla, son fils Jean hérite de cette villa. Louis Laraque a aussi habité la maison. Elle sera ensuite revendue à la famille Charliner, puis devient la propriété des trois sœurs Friocourt dont une seule se mariera. *Elmire* est ensuite revendue à la famille Lefèvre. Elle est actuellement la propriété de monsieur Millière sous le nom de *Ker Menez*.

La villa Marcelle (L'Escale)

Le 19 novembre 1892, Laraque devient propriétaire d'un terrain lunairien, à l'angle du boulevard du Décollé et du boulevard de la Fontaine. D'une superficie de 23 ares, il est cadastré sous la partie numéro 1 de la section B. Les vendeurs sont Paul Dubonnet, restaurateur à Paris, et Louis Edmond Dubonnet, marchand de vin demeurant à Saint-Germain-en-Laye. L'acte de vente est passé chez madame Dubois, notaire à Dinard, pour 9.000 francs. Huit ans plus tard, Laraque y fera édifier la villa *Marcelle* par l'architecte Jules Lecreux qui, après avoir exercé à Paris, a ouvert une agence rue de la Grève à Saint-Lunaire. Cette grande maison au style de manoir néo-breton est construite en pierre, et les grandes toitures à angles vifs et chevronnières sont couvertes d'ardoises. Elle présente un rez-de-chaussée sur sous-sol, surélevé d'un étage carré et d'un second étage mansardé et flanqué d'une grosse tour lui donnant son caractère. Les initiales *SL,* Sylla Laraque, en métal, figurent sur les cheminées, au-dessus de la porte et des petites fenêtres

La villa Elmire. Elle porte aujourd'hui le nom de villa Ker Menez.

La villa Marcelle. Elle a été rebaptisée L'Escale.

L'ancienne villa Alice. Elle est désormais appelée La Massylane.

L'hôtel de Paris au temps de la machine à vapeur.

en toiture. Le tout est entouré d'un jardin. Cette propriété est revendue le 6 décembre 1936 à Hannebelle, ingénieur des Arts et manufactures, par Jean Baptiste Amédée Maurice Laraque industriel et Gisèle Adèle Émilie Dupuy son épouse qui l'ont reçu dans la succession Sylla. Elle porte actuellement le nom de *L'Escale*.

La villa Alice (La Massylane)

Construite sur un terrain acheté à M. Mathieu en juillet 1892, avec sa tour, elle est pratiquement identique à sa voisine la *Marcelle*, bien qu'il semble que ce soit l'architecte Delrue et non Lecreux qui la bâtit à la même époque. Elle a, elle aussi, appartenu à Sylla. À sa mort, c'est son fils Louis qui en hérite. Il la vend en 1938. Elle est ensuite successivement propriété de François Pierre Albert Letang, de la famille Beuriot, puis Fromy en 1977, actuellement Delorme. Elle se nomme de nos jours *La Massylane*.

La villa La Martinique (Gisèle)

C'est encore l'architecte Lecreux qui réalise pour Laraque cette villa située sur le Décollé. C'est Camille Saint-Jacques qui l'aura en héritage en 1924, mais elle en profitera peu, mourant l'année suivante.

La villa Caprice (pigeonnier Saint-François)

Située sur le Décollé, Sylla fut le commanditaire de cette villa en 1894. C'était un investissement à but locatif qui servit d'abord de logement du personnel des villas de la famille et d'écurie centrale. À la mort de Sylla, c'est le fils

Maurice qui la reçoit en héritage. Elle sera vendue en 1934, date à laquelle elle sera scindée en deux. Elle perdra son unité mais gardera le nom de pigeonnier en raison d'une construction de ce type jouxtant le bâtiment.

Les Quatre Saisons

Elle est située boulevard du Décollé. À la mort de Sylla, c'est encore Maurice Laraque qui en héritera en indivis avec madame Inès Laraque.

Liste non exhaustive d'autres propriétés de Sylla Laraque à Saint-Lunaire

La villa *Les Muguets,* la villa *Les Fauvettes*, la villa *Les Tilleuls*, l'*Hôtel de Paris*, l'*Hôtel Bellevue* rue du port, le *Fournil* boulevard du Décollé (1909), un magasin de bois boulevard de Longchamp (1910), l'abri des tennis aux Mielles (1910), *Loc Maria* (1901), une maison près du cimetière (1910), la maison aux *Mielles* près du cimetière (1903-1907), la Halle du boulevard du Décollé, la villa *Gisèle* dont héritera Léonce Laraque au décès de son père (procès-verbal du 27 mai 1926).

Les structures techniques liées au développement touristique

Le Télégraphe

Le 10 juin 1900, le maire de Saint-Lunaire souligne devant le Conseil Municipal l'importance qu'il y aurait pour les habitants de la commune et les étrangers qui la fréquentent à établir un bureau télégraphique municipal. Il explique qu'à la suite de cette création, la taxe kilométrique disparaîtrait pour toutes les opérations télégraphiques et que l'envoi et la réception de mandats deviendraient possibles.

Laraque, toujours soucieux du confort de ses clients du *Grand Hôtel* et de toutes les infrastructures venant s'y greffer, offre de contribuer pour la moitié des dépenses nécessaires. Il propose aussi de financer le bâtiment de la poste. Le Conseil Municipal émet un avis favorable et s'engage à voter les fonds nécessaires, à la condition expresse que Sylla Laraque prenne l'engagement formel de contribuer pour la moitié à toutes les dépenses nécessaires à cette installation : frais d'établissement de la ligne, appropriation du local postal s'il y a lieu, pose de la sonnerie et des fils pour le porteur. Il prie le maire de se mettre en rapport avec l'Administration des Postes en vue de la réalisation de ce projet. Les Postes donnent leur accord, et Sylla Laraque honorant sa parole, le bureau du télégraphe voit le jour.

L'Éolienne

On distingue, sur une carte postale d'Arthaud Nozais de Nantes antérieure à 1914, libellée *Côte d'Émeraude n° 65 St-Lunaire – le Décollé (versant Ouest de la plage de Longchamp),* près d'une villa disposée sur la crête, et à peu de distance du salon de thé (que l'on ne voit pas), ce que d'aucuns considèrent comme les pales d'une éolienne qui devait procurer de l'électricité. On peut aussi penser aux ailes en mouvement d'un moulin, que les possibilités photographiques du temps ne permettent de saisir que sous cet aspect. Cependant, Laraque fait bel et bien édifier une éolienne boulevard de la Fontaine, aussi demeure-il un doute.

Les usines à gaz et à électricité

Dès 1880, on voit fonctionner une usine à gaz, mise en place par l'ingénieur centralien Gaston Kuentz, fils du directeur de la compagnie gazière de Rennes, qui alimente le *Grand Hôtel* à peine sorti de terre. Même avec le développement ultérieur de l'électricité, et la création d'une usine électrique, elle continue longtemps son rôle, notamment pour alimenter les becs de gaz des quartiers non électrifiés. Le 8 mars 1914, une convention est signée entre la municipalité Poulain et Laraque, lui concédant pour 50 ans l'exploitation du gaz, accord confirmé par arrêt préfectoral. Sylla obtient le monopole de l'établissement ou de la conservation, sur toute la commune, des canalisations en fonte desservant les abonnés particuliers et l'éclairage public. La seule dérogation au monopole concerne les besoins de l'État ou du département. Laraque a aussi la responsabilité des candélabres, consoles. Il doit veiller aux fuites et faire effectuer les réparations en avisant la municipalité auparavant. Il doit aussi organiser et régir à ses frais l'allumage et l'extinction des feux.

Diverses autres contraintes lui sont imposées, comme l'obligation d'utiliser un gaz au fort pouvoir éclairant, donc parfaitement épuré, extrait d'une houille de bonne qualité. La norme est qu'un bec, consommant 115 litres de gaz à l'heure, donne une lumière égale à la lampe Garcel brûlant 42 g d'huile épurée par heure. Si la commune demande pour

L'ancienne usine électrique, la scierie et la menuiserie.

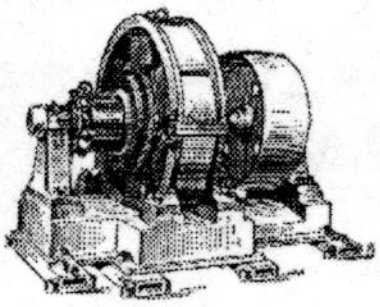

A gauche : dynamo à courant continu multipolaire. A droite : dynamo à courant continu bipolaire.

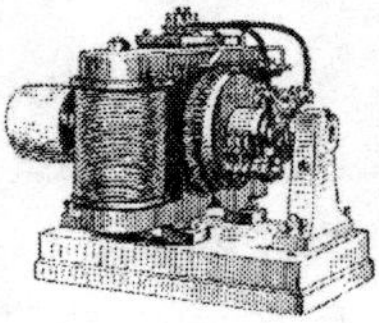

L'intérieur de l'usine. D'après un dessin réalisé en 1924 par Pierre Menier, ouvrier de l'usine.

son réseau électrique un complément par éclairage au gaz, celui-ci sera payé à raison de 0,42 fr par bec réglé à 100 litres par heure.

Pour les particuliers, le tarif de consommation est fixé 0,30 fr le litre, et l'abonnement à 1,50 fr pour un compteur 5 becs, 2 frs pour 10, 3 frs pour 20. Au-delà, une négociation a lieu entre les parties. Les prix s'ajustent d'ailleurs sur ceux de l'usine à gaz de Dinard.

L'usine produit également le goudron nécessaire pour les voies desservant les principales résidences de Sylla et le *Grand Hôtel*. Elle fournit aussi le goudron nécessaire à la commune qui devra rendre les fûts vides.

Des pénalités sont prévues en cas de dysfonctionnement. Pour contrôler son activité, la municipalité lui fait installer à ses frais, dans une salle de la mairie et de l'usine, un indicateur permettant de vérifier la pression du gaz.

La guerre de 1914, qui éclate trois mois après, provoque le déséquilibre de nombreuses entreprises par la mobilisation des travailleurs. Les entreprises Laraque, dont l'usine à gaz, vont être profondément affectées par cette absence de personnel, les réquisitions de bâtiments et le manque de produits énergétiques. Une des difficultés majeures réside en effet dans la raréfaction du charbon dont les sources à l'Est sont coupées. En mars 1916, par lettre recommandée, Sylla s'appuyant sur des décrets du Conseil d'État concernant la situation des usines à gaz et électrique en période de guerre, demande à relever ses tarifs.

La rareté et le prix du charbon provoquent une surconsommation de gaz pour les cuissons domestiques. L'usine est tellement sollicitée que Laraque doit prendre des décisions drastiques dont il informe le maire et son conseil par une lettre du 10 juillet 1916. La distribution ne se fera plus que de 5 heures du matin à 10 heures 30 du soir. Il s'agit aussi de limiter les pertes par fuites. Le personnel de l'usine, surmené, peut ainsi se reposer quelque peu. La situation se dégrade en décembre 1916 où, le 6, Sylla informe le maire Poulain que le charbon manque totalement sur les quais de Saint-Servan et Saint-Malo (le charbon vient alors d'Angleterre) en raison des torpillages quotidiens des vapeurs charbonniers par les sous-marins allemands. Sylla informe qu'il a appelé à son secours Roche, directeur de l'usine de Rennes, lui demandant des wagons qu'il déclare accepter à n'importe quel prix tant le manque est cruel. Sylla bat aussi les environs pour trouver le précieux minéral. Il a la chance de découvrir 5 tonnes d'anthracite à Dinard chez monsieur Tegmzague. Il n'hésite pas à l'acheter 120 F la tonne au lieu du prix courant de 90. Il fait un sacrifice personnel, soucieux dans sa fierté et son sens des responsabilités de satisfaire aux obligations de son contrat. Il s'agit non seulement de fournir la lumière aux habitants mais surtout aux hôpitaux provisoires qui sont maintenant nombreux.

Le 22 juin 1917, il écrit de nouveau au maire, lui apprenant que Dabault, directeur de l'usine à gaz de Dinard, l'a informé que leur fournisseur principal, la maison Leborgne de Saint-Servan, ne pouvait plus recevoir ni livrer de charbon par bateaux. Dabault a demandé à Paul Crolard, maire de Dinard et homme politique de forte audience, d'intervenir pour obtenir un convoi ferroviaire pour amener du charbon. Laraque demande au maire de Saint-Lunaire d'intervenir de même pour faire ajouter à ce convoi un wagon de vingt tonnes pour les besoins de sa commune qui augmentent sans cesse en raison de l'afflux de réfugiés et de blessés.

Le 22 novembre 1919, face à la pénurie de charbon, le ministre de l'intérieur propose des mesures pour y faire face dans la production du gaz. Il propose la généralisation de la méthode du gaz à l'eau utilisé en Allemagne, en Angleterre, aux États-Unis, qui pourrait provoquer une économie de 600.000 tonnes de charbon par an pour la France et une réduction du personnel nécessaire. Dès le 31 octobre, le Conseil supérieur d'hygiène public avait statué que la teneur en carbone de ce nouveau gaz mixte devrait être au maximum de 15 % par volume, norme qui serait vérifiée au moyen d'une burette de Bunte. Bien que cette mesure soit porteuse d'économie, elle implique de nouveaux investissements. L'usine à peine sortie de la guerre n'a guère les moyens de s'y adapter et se trouve de fait déclassée. Elle finira sa carrière en même temps que sa consœur électrique.

Le secteur électrique

Devant le développement des applications de l'électricité, Sylla ajoute à l'usine à gaz une usine électrique en 1907, date que confirme une inscription en petit carrelage sur le bâtiment. Elle lui sert à alimenter en priorité le *Grand Hôtel* mais également ses différentes propriétés ainsi que l'*Hôtel de Paris*. L'usine est construite par l'ingénieur Paul Kuentz. Grâce à elle, la ville de Saint-Lunaire pouvait se targuer d'avoir vingt-cinq ans d'avance sur les communes voisines.

Les dynamos, au nombre de trois, servent à transformer l'énergie mécanique en énergie électrique. Elles étaient fixées ainsi que les machines à vapeur dans le sol par de solides points d'ancrage. Ces fixations existent toujours sous le plancher du cinéma. Laraque utilisait des dynamos produisant du courant continu. Nous présentons en iconographie deux modèles identiques à celles qui étaient utilisées. Un gazogène de marque Bouteiller fonctionnant au gaz dit pauvre alimentait un groupe Winterthur comportant deux cylindres horizontaux et un grand volant d'un diamètre de trois mètres. La génératrice de la Compagnie Générale de Nancy mise en œuvre par cet ensemble produisait du 220 volts continu. Un second gazogène servait à faire marcher deux groupes Pierson qui entraînaient une seconde génératrice fournissant également du 220 volts. Il est fort possible que, à la suite d'une extension des besoins, Sylla rajouta une ou deux machines.

Il existe également un groupe de survolteurs-dévolteurs pour la charge des éléments de réduction des accumulateurs Tudor placés dans les pièces superposées (voir croquis). Elles existaient encore en 1996 dans le cinéma de l'époque.

Un local contenant les tableaux de distribution montés sur du marbre blanc existe au-dessus de la salle des génératrices. On y accède par un petit escalier de bois.

En hiver, on n'activait l'usine que deux après-midi dans la semaine pour laisser se recharger les batteries qui se déchargent plus vite à cette période de l'année.

Le personnel de l'usine est très peu nombreux. Il se compose de Desaunays, directeur, son épouse secrétaire-comptable, Victor Ménard, 1er ouvrier électricien, Pierre Meunier, 2e ouvrier électricien. Ce dernier raconte :

> Nous utilisions, Victor et moi, pour approvisionner les gazogènes, un petit charbon appelé « gaillette ». La gaillette était constituée de petits morceaux de houille qui était récupérés

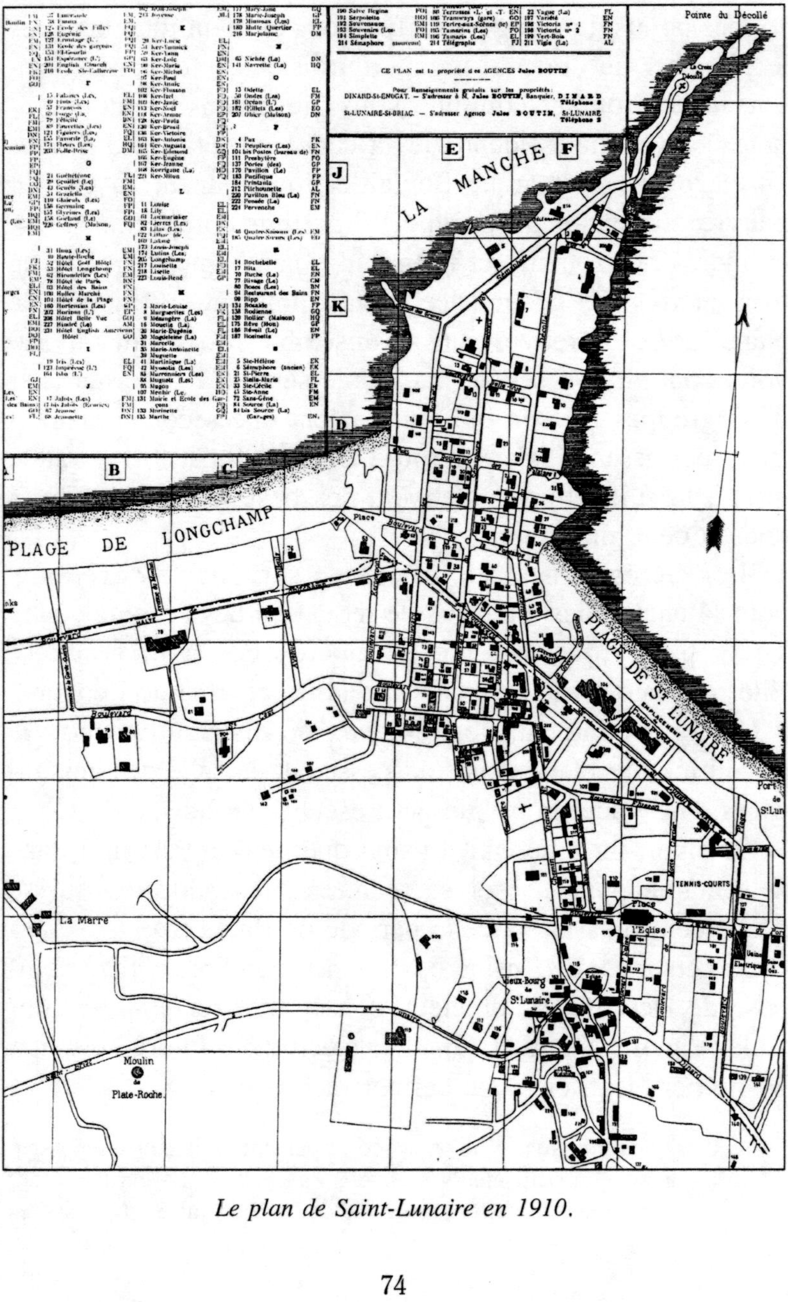

Le plan de Saint-Lunaire en 1910.

après le tri des morceaux non commercialisables, on ne perdait rien à cette époque.

Cette *gaillette* vient d'Angleterre. Monsieur Meunier a beaucoup de peine lorsque cette usine chargée d'histoire disparaît. Heureusement, il en fait un croquis en 1924 qu'il garde précieusement en souvenir du temps passé et que nous reproduisons.

Deux réseaux électriques différents et complémentaires

L'usine électrique alimente deux réseaux de distribution différents. L'un sert à amener aux différentes propriétés ce que l'on appelle à cette époque la *Fée électrique*. L'autre, pratiquement parallèle, sert à l'alimentation des lanternes publiques. À cette époque, l'éclairage est d'ailleurs encore mixte — éclairage électrique ou au gaz.

Le réseau domestique était beaucoup plus étendu que celui de l'éclairage public. Il se prolongeait jusqu'à la pointe du *Décollé*.

Les lanternes sont au nombre de trente et une. On s'aperçoit que Sylla dessert en priorité ses propriétés, mais n'a en aucun cas négligé l'intérêt général. En effet, ces lanternes éclairent la majeure partie de la commune de Saint-Lunaire. Les câbles électriques tendus boulevard du *Décollé*, sont munis de petits globes pendant au-dessus du milieu de la chaussée. Ils permettent l'éclairage de ce quartier élégant. Détail anecdotique, des voyous ou tout simplement des gamins du pays s'amusent parfois à briser les globes en leur lançant des pierres. Laraque promet cent sous à Victor

Renaud et à Pierre Meunier, s'ils parviennent à les identifier, combat perdu d'avance.

Louis Laraque tente d'améliorer la distribution, en implantant de nouvelles lignes électriques sur plusieurs chemins, considérant qu'il bénéficie des droits accordés à son père.

Le nouveau courant et la fin de l'usine

Après-guerre, l'esprit des municipalités a changé. Les maires ne sont plus disposés à toutes les concessions. La majeure partie des aménagements qu'ils peuvent espérer est d'ailleurs réalisée. Pouvoirs publics et privés s'équilibrent. En 1921, É. Sauffroy, cousin de l'ennemi de Sylla, devient maire. De suite, il fait des ouvertures à la *Société de fusion des gaz* pour remplacer à terme la production Laraque. En mai 1924, l'ingénieur en chef du Contrôle départemental des distributions d'énergie électrique écrit à Laraque pour lui faire part d'un rapport au préfet qui conclut à ce que son usine et ses dépendances doivent dépendre d'une concession municipale au même titre que son réseau de distribution établi sur le domaine public. C'était un premier pas vers la dépossession. Le projet global de 1924 d'électrification du département va rendre inutile l'existence du réseau Laraque. Il prévoit la réalisation d'un réseau à haute tension permettant d'envoyer du 15.000 volts à tous les chefs-lieux de canton, un réseau de moyenne tension redistribuant du 5.000 aux communes, un réseau de basse tension permettant après nouvelle transformation de distribuer le courant par village ou hameau. Le 28 juin 1925, au conseil municipal, l'affaire bat son plein. La négociation avec la *Société de fusion des gaz* ne peut aboutir car celle-ci réclame des fonds prohibitifs.

D'autre part, les administrateurs de la succession Laraque déclarent ne plus pouvoir fournir de courant à la ville à compter du 15 septembre. Pour assurer la continuité, Sauffroy est autorisé à se porter adjudicataire du terrain de l'ancienne usine à gaz[22] et de l'usine électrique (terrain délimité par le boulevard de Saint-Lunaire, le boulevard de la Plage et le boulevard du Port) mis à prix 6.000 frs, à la vente prévue le 2 juillet suivant. La commune s'est retournée vers la *Société Régionale d'Exploitation Gazière et Électrique* de Rennes dont Kuenz est l'administrateur à Saint-Brieuc, qui — dès le 29 juin ! — accepte d'intervenir sous réserve de disposer de la vieille usine, de la location provisoire du matériel en place, ainsi que de la reprise du réseau existant. Le courant continu doit être remplacé, sous réserve d'accord préfectoral, par du courant alternatif au moyen d'une installation technique réalisée par la Société Feyder Lebon. Les ouvrages prévus prévoient la distribution de l'énergie dans la partie côtière de la commune. Un transformateur doit desservir un groupe d'habitations rurales. La ligne partira de « Mon repos » sur la route nationale, traversera le territoire de la commune du sud au nord et facilitera l'extension de l'électrification aux hameaux. En août 1925, rien n'est fait car la *Société Lebon* chargée des travaux est liée à la *Société de fusion des gaz* qui lui concède le canton de Dinard et a été rejetée du marché. La Société Lebon fait donc la sourde oreille. Il faut aller jusqu'au ministre pour l'activer. Kuentz fait venir une ligne à haute tension de Saint-Brieuc. Elle est soutenue par des poteaux de bois et aboutit à un transformateur au lieu dit *le Pont*.

La transition s'opère difficilement. Un article[23] humoristique et acide, paru sous le titre « un conte de fées à Saint-

Lunaire », évoque les bienfaits de l'électricité de Laraque, bonne fée remplacée par une mauvaise fée « qui rend les lampes sans lumière et les soirées tristes » :

> *La mauvaise fée veillait pour tourmenter les humains. Elle s'introduisait nuitamment dans les fils, et changea le voltage sur toute la ligne, si bien, que, depuis ce temps lames et moteurs restent inutilisables, au grand détriment de la bourse des Lunairiens.*

Le commissaire enquêteur, Paul Crolard, conseiller général du canton de Dinard, mène une conciliation défendant les intérêts de la population. Il demande et obtient de la nouvelle compagnie électrique, le remplacement gratuit des lampes, compteurs et moteurs périmés du fait du changement de voltage, ainsi que l'utilisation du réseau existant. Le matériel Laraque est remboursé. Une partie de la commune est encore éclairée pour peu de temps par le réseau de l'usine Laraque et une autre par la compagnie Kuentz. Le 3 avril 1926, Sauffroy n'hésite pas à écrire à l'ingénieur en chef des Ponts et Chaussées à Rennes qu'il s'étonne de voir figurer la signature du fils Laraque comme « permissionnaire » sur le bilan des recettes de 1926, « puisque ses canalisations sont actuellement établies en fraude sur le domaine public ». Les lourds investissements du père sont passés à la trappe. Le 13 décembre, le ministre André Tardieu écrit au préfet pour ordonner le déplacement autoritaire des conducteurs Laraque sous la responsabilité et à la charge de la commune sans préjuger des litiges de consommations en cours. En février 1927, Sauffroy attaque à nouveau pour exiger l'enlèvement des nouvelles lignes. Le 20 mars, nouvel assaut chez le préfet. Ce serait parce que Laraque refuse d'enlever son réseau que la société concessionnaire ne peut s'implanter. Louis Laraque, s'appuyant sur un arrêté préfectoral de 1907, conteste aussi avec succès, par pourvoi du 23 avril, devant les tribunaux, une accusation d'usage abusif de voies publiques. Le conseil municipal se réunit le 24 avril. On espère un accord entre les sociétés électriques rivales, l'arrêt définitif de l'usine Laraque et la disparition de son réseau aérien, ainsi que le retrait du pourvoi de Louis en justice. La *Société de fusion des gaz* doit prendre en charge la fourniture du gaz. Hélas pour Sauffroy, le 2 mai 1927, l'ingénieur en chef des Ponts et Chaussées lui écrit que Louis Laraque est parfaitement en droit de produire de l'électricité privée et de l'envoyer à ses propriétés par des lignes privées sur voie publique pour lesquelles il réobtiendrait sans peine une autorisation. On découvre dans la même lettre que Sauffroy poursuit des négociations parallèles avec la *Société de fusion des gaz* qui louche sur les lignes et conduites de gaz Laraque. Mais c'est un combat d'arrière-garde et, fin 1927[24] (et non 1924), l'usine électrique ferme après vingt ans de bons et loyaux services.

L'usine désaffectée deviendra un patronage, puis un cinéma. En 1939, sous la direction de monsieur et madame Hilbert, l'évêché y installe une école de garçons. Faute de moyens financiers, elle fermera en 1949.

Le tramway à vapeur

À partir d'août 1901, Saint-Lunaire est desservie par un petit train côtier à voie étroite dont la gare était proche du *Grand Hôtel*. Le terminus est à l'origine près de la gare de

Dinard, elle-même reliée à Saint-Malo. Le tramway, dont la voie est plus étroite, fut ensuite prolongé jusqu'à la villa et au quartier de *Bric à Brac*, son terminus, au-dessus de l'actuel aquarium de Dinard et près du port. Par le service de vapeurs reliant Dinard à Saint-Malo et Saint-Servan, la communication était ainsi facilitée avec l'Angleterre et sa riche clientèle.

Curieusement, la création du tramway de Dinard à Saint-Briac soulève une campagne de protestations sous la houlette de monsieur de Rodays, directeur du *Figaro* qui a pourtant beaucoup influencé le mouvement balnéaire. À Saint-Briac et Saint-Lunaire, pays sans grandes communications, les avis sont par contre favorables et le tramway est déclaré d'utilité publique en septembre 1899. Le modeste train à vapeur, après la côte de Saint-Lunaire, reprend ses forces sur l'aplat de Longchamp avant d'attaquer la côte de la Garde Guérin où en 1920 s'opérait une halte facultative. Selon Jean-Pierre Bihr[25], il transporte 3.000 voyageurs par jour en août 1900 et relie Dinard à Saint-Briac en 40 mn à 20 km/h. Bien souvent, les passagers sont obligés de descendre et suivre à pied pour soulager la machine agonisante. Il est tarifé à trois francs l'aller, et cinq francs l'aller-retour. Sa carrière se termine en 1929-1930, date à laquelle il est remplacé par un service d'autocar.

Découvrons maintenant, d'une façon approfondie, la vie de ce fastueux homme d'affaires, figure du monde élégant et grand séducteur mulâtre aux beaux yeux verts.

L'hôtel d'Angleterre (ci-dessus) et l'hôtel Lutétia (ci-dessous). Deux magnifiques ouvrages construits en marge des propres réalisations de Sylla Laraque.

DEUXIÈME PARTIE

Sylla le Magnifique

(1850-1924)

Les origines

La famille Laraque est très ancienne à Haïti, l'ancien Saint-Domingue. Cette grande île de 27.400 km^2 a été découverte par Christophe Colomb en 1492, puis colonisée dans sa partie orientale par les Espagnols, et dans sa partie occidentale par les Français à partir de 1626. L'introduction de nombreux esclaves africains assure l'essor économique du tabac et surtout de l'indigo, du sucre et du café suivant une organisation oppressive bien connue. Ce système, bien que légèrement moins cruel au dix-huitième siècle, aboutit à une explosion générale lorsque les Noirs commencent à penser que les idéaux de la Révolution française les concernent aussi. Après la période du caporalisme agraire de Toussaint Louverture, un autre Noir, Dessalines, expulse les Français en 1803 et déclare l'indépendance en 1804, se proclamant empereur.

Les Espagnols recouvrent leur territoire de 1808-1814, tandis que la partie occidentale est livrée aux querelles intestines jusqu'en 1822. En 1844, l'île est définitivement scindée en deux États : la république d'Haïti et la république dominicaine. En 1847, un Noir, Faustin Soulouque, prend le pouvoir et établit un nouvel empire de 1849 à 1859.

Si l'on fouille les archives, on découvre, en 1749, à Croix des Bouquets, le baptême d'une *quarteronne* prénommée Louise Amable, fille illégitime d'un certain Louis le Phébur[26] de Larac, et d'une mulâtresse libre Marie Madeleine Goulard. Le parrain fut Louis La Toison de Rocheblanche et la marraine son épouse Louise Amable de Caradeu, couple de la haute société de l'époque, ce qui indique une richesse certaine de la famille Laraque dès ce temps (Louis le Phébur était procureur honoraire du Roi à Jérémie ; plus tard un Philippe Laraque sera sénateur de la République). On connaît un de Mercœur Lefebur Laraque né vers 1740, et mort vers 1802, laissant quatre enfants dont Philippe né vers 1769, mort en janvier 1832. Celui-ci épouse Marie Marthe Dandresol née vers 1780 dont il eut Philizaire vers 1790 qui épouse Zéline Lévèque (née vers 1805). Il en résulte sept enfants dont le second, Jean-Baptiste Florimond, convole avec Elmire Lorquet[27].

De ce couple vont naître onze enfants, dont le cadet vient au monde à Port-au-Prince[28] le 24 juin 1850, un certain Jean Wolsant[29] Sylla qui allait, sous ce dernier prénom, se faire bien connaître localement et en Europe. Il vient au monde dans un pays chaotique à la vie politique profondément marquée par l'opposition entre Noirs et mulâtres, dans un climat d'agitation et de violences permanentes et pourtant plein d'espoirs. L'enfance de Sylla se déroule à une époque marquée par cette histoire tragique mais où, malgré des troubles civils, Haïti commence à renaître économiquement.

Réussite et drames haïtiens

Sylla quitte la maison familiale à l'âge de 18 ans, soit en 1868. Son père, qui selon un auteur possède de vastes plantations de canne à sucre, lui donne un cheval et un fusil (ce qui indique bien la prudence nécessaire dans une île aussi mouvementée), et Sylla part chercher du travail à Port-au-Prince. De suite, il trouve une place chez un Américain, vieux garçon qui possède une entreprise d'export de café. Il débute comme modeste employé. Son patron, s'étant aperçu de son sérieux au travail, se prend d'affection pour lui et le fait instruire. Il devient secrétaire-comptable de cet homme âgé qui n'a pas d'enfants. Ce vieillard a besoin d'un homme de confiance et le trouve en Sylla. Quand il décède, Laraque a la surprise d'apprendre qu'il a fait de lui son légataire universel. Il hérite donc de la petite entreprise et, déjà marqué par de vastes projets, s'efforce avec succès d'obtenir le monopole de l'exportation du café de l'île. Laraque, personnage haut en couleur, assez rabelaisien, truculent à certains moments, peut se montrer d'ailleurs comme tout homme de pouvoir sous des aspects très sombres à certains moments, en public comme en privé. Perfectionniste, logique, inébranlable devant les situations professionnelles difficiles, c'est un homme intelligent avec un sens inné des affaires, tout autant que de la fête.

Vers 1871, il épouse en premières noces Olivia Duvivier[30]. De retour d'un déplacement à New York pour y spéculer en bourse, de mauvaises langues lui rapportent qu'elle l'aurait trompé. Il se met dans une immense colère, la jette nue en pleine rue et met le feu à sa maison. Ce qui indique bien son caractère passionné. Ce scandale public est évidemment très mal vu par sa belle-famille. Sylla divorce. Malgré ces troubles domestiques, ses affaires prospèrent, il possède la goélette *Lozama* qui lui sert peut-être à expédier du café au Havre.

Vers 1874, il se remarie avec une très jolie femme, Losanna Durand. Ce second mariage finit tragiquement. Sylla, de retour d'un nouveau voyage aux États-Unis, la retrouve morte, empoisonnée (suicide ou meurtre ?), peut-être victime d'une vengeance le visant car il s'est fait de nombreux ennemis en privé comme dans les milieux professionnels.

Malgré ses déboires familiaux, il est en effet parvenu, en quinze ans, à une position financière quasi incroyable si l'on n'observe pas que, parallèlement à son trafic caféier, il spécule à Port-au-Prince mais surtout à New York pour augmenter ses fonds. C'est à partir de coups de bourse qu'il bâtit une fortune assez considérable.

Vers 1876, il se remarie une troisième fois avec celle qui sera son grand soutien et sa fidèle compagne, une maîtresse femme, Anne Marie Philomène Derenoncourt[31], dont il aura trois filles à Port-au-Prince : Alice, née en 1877, Eugénie, en 1882, Anne Maria en 1885.

À vrai dire, il n'y a plus à cette époque de grandes plantations à l'ancienne. Le café est cultivé par les femmes autour de leur case. Cette activité sert de base à l'éducation des enfants. Sylla ayant le monopole, ces petits producteurs sont obligés de vendre leur café au prix qu'il fixe. Il l'exporte ou le redistribue ensuite au prix du marché, et fort cher. On le trouve chez les torréfacteurs qui ne le vendent que par cinq kilos minimum pour un prix prohibitif. Ce café de qualité sert à préparer des mélanges enrichissants dans les deux sens du terme. Dans les années 1880, par les nombreuses rumeurs qui courent sur lui, on estime sa fortune à 100 millions de francs or. Ayant peu de confiance dans la situation politique locale, il conserve 60 millions en Haïti et expédie le reste en France lors d'un premier voyage. Dès cette époque, il prépare ainsi son avenir, la réalisation de ses rêves. Parmi ceux-ci, il a déjà un doigt pointé vers Paris, ville lumière, centre du monde des arts, des affaires, politiques et financières ! En bon vivant, semblable au Brésilien d'Offenbach, il ne peut qu'aimer cette capitale de l'insouciance où il fait bon vivre, où les riches ont droit à toutes les frivolités et à l'amour plus ou moins désintéressé ! À l'issue de la mise en sûreté de ces 40 premiers millions, Sylla revient à Haïti où il va se trouver plongé dans des troubles civils le concernant directement, ce qui montre qu'il a vu clair sur son avenir !

Éclate en effet la révolution du général Nord Alexis, particulièrement dirigée contre les « cumulards ». Laraque, qui écrit plus tard qu'Alexis est pour lui un débiteur récalcitrant, fut un des principaux menacés. Selon Michel Saint-Jacques, Alexis aurait promis que s'il attrapait Sylla, il le ferait rouer de coups de bâtons jusqu'à ce que mort s'ensuive. Laraque, averti, décide de partir sans tarder. Dès 1884, il liquide sa maison de commerce à Haïti. Fin mars 1885, il fait mettre en caisses et charger ses lingots d'or résiduels ainsi que d'autres objets précieux sur le premier bateau en partance pour la France, vers le port du Havre. En quittant Haïti, il laisse provisoirement ses enfants et ses intérêts à son épouse Anne Marie Philomène née Derenoncourt, femme de tête, qui vient d'accoucher en janvier d'une troisième fille.

Un départ précipité

Sa vie, déjà ponctuée de rebondissements, va une fois encore le conduire vers de nouvelles aventures. Il fait charger sur le bateau de nombreuses caisses dont l'apparence anodine laisse croire qu'elles contiennent un simple attirail domestique. Notre homme mal vêtu passe tout son temps allongé ou assis dessus. Il embarque comme ces émigrants qui ont du mal à payer leur billet et qui n'ont comme seule solution que de vivre des jours de traversée pénibles. Pour atteindre le but fixé, il faut jouer la comédie de la pauvreté. Sylla ne quitte pas son poste et vit de très menus repas. Un jour, une femme d'un certain âge, charmante et habillée de façon élégante, s'approche de lui. « Monsieur, lui dit-elle, j'ai remarqué que vous êtes resté de longs jours et de longues nuits sur ces caisses. Permettez-moi de vous faire parvenir à manger. » Sylla, dont la faim tenaille le ventre, accepte volontiers. La dame s'éloigne, ravie d'avoir accompli une bonne action, n'imaginant pas avoir fait l'aumône à infiniment plus riche qu'elle.

Dans quel port débarque-t-il en France ? La question s'est posée. Il s'agit assurément du Havre qui est alors un marché international du coton et du café et une bourse importante dans le monde. Notre homme n'était-il pas l'un de ceux qui ont eu le monopole du café en Haïti ?

Son arrivée en France date de mars 1885. Il a trente-cinq ans. Sylla vit ensuite à Paris où il côtoie la haute société parisienne et se crée rapidement des relations mondaines, ce qui lui est facile grâce à sa fortune et son intelligence naturelle.

Dès qu'il a pris ses marques en France, il fait venir sa famille, qui va se révéler plus nombreuse que prévue. En

1874, pendant sa période de célibat, il a eu un fils naturel, Henri. Sa troisième épouse, Anne Marie Philomène Derenoncourt, sauve cet enfant de la misère en l'emmenant avec elle (avec l'accord de sa mère) quand elle vient le rejoindre en Europe. Sylla, le découvrant aux côtés de ses descendants légitimes sur le quai du Havre, l'embrasse sans mot dire et il est intégré dans la famille. Anne Marie Philomène est une personne remarquable qui, toute sa vie, soutient activement les entreprises d'un mari qu'elle adore tout en connaissant ses travers. Selon Michel Saint-Jacques, qui a beaucoup d'admiration pour elle, elle possède un caractère terriblement volontaire, dur au travail, de nature courageuse. Nous la retrouverons dans diverses circonstances, toujours aux côtés de Sylla.

La deuxième vie de Sylla : la France

La vie parisienne

Après une période havraise où il consolide ses affaires et dont nous savons peu de choses, Sylla se lance dans le monde de la capitale. Il fera en sorte d'acquérir la nationalité française, certainement en application de la loi du 26 juin 1889 :

« Sont Français 5° Les étrangers naturalisés et qui peuvent être naturalisés. 5.1 Les étrangers qui ont obtenu l'autorisation de fixer leur domicile en France, conformément à l'article 13 ci-dessous après 3 ans de domicile en France, à dater de l'enregistrement de leur demande au ministère de la justice. 5.3. Les étrangers ayant fixé leur domicile en

France, après un an, s'ils ont rendu des services importants à la France, s'ils y ont apporté des talents distingués ou s'ils y ont introduit soit une industrie, soit des inventions utiles, ou s'ils ont créé, soit des établissements industriels ou autres, soit des exploitations agricoles...» Il est certain que l'achat du *Grand Hôtel*, après trois années passées en France, lui permet de répondre favorablement à ces deux articles. Ce n'est cependant que le 24 juin 1905, qu'un décret paru au bulletin des lois n° 3896, page 1296, annonce sous le numéro 34 sa naturalisation comme rentier demeurant à Paris, ainsi que sous le numéro 35 dame Anne Laraque née le 7 janvier 1885 à Martissant (Haïti) et sous le numéro 36 demoiselle Anne Marie Alice Laraque née le 7 octobre 1886 à Port-au-Prince.

Sylla mène tout de suite un très grand train de vie. Il a rapidement sa place dans la meilleure société de cette troisième République qui convient bien aux affairistes pourvu qu'ils présentent bien. Sa force de caractère, son physique avantageux et son intelligence l'aident à devenir rapidement un des *lions* de Paris. Il a cependant le chagrin de perdre sa fille Eugénie, âgée de 4 ans, en 1886.

Sylla recherche une demeure digne de lui, et où il pourra loger sa vaste progéniture et le train des nombreux domestiques qui l'entoure. Il la trouve vers 1888, à Neuilly-sur-Seine, dans une somptueuse réalisation dont les plans avaient été réalisés en 1864 par l'architecte Achille Hüe[32].

La vie balnéaire

Comme nous l'avons vu dans la première partie, ce sont les lotisseurs de Saint-Lunaire qui viennent au-devant de

Activités de plage à Saint-Lunaire.

Le bureau des bains. Image du développement balnéaire.

Le front de mer à Saint-Lunaire.
Avec quelques-unes de ses superbes villas.

Sylla pour lui présenter le projet de création de station balnéaire auquel il paraît avoir adhéré dès qu'il eut examiné les lieux vers 1888. Une tradition orale raconte que c'est en se promenant avec une compagne près de Dinard où il résidait pour vacances, qu'il découvre le petit village de pécheurs où déjà apparaissent des baigneurs. C'est évidemment faux puisqu'il est amené là sciemment, sans doute par l'homme d'affaires René Joly. Selon les dires ultérieurs de Sylla, un véritable coup de cœur va le déterminer à se fixer à Saint-Lunaire où déjà l'activité balnéaire connaît des prémices. Il aurait aussitôt imaginé de construire une copie de Dinard dont il serait le maître exclusif. Il est certain que Sylla est présent à Saint-Lunaire avant 1889, date à laquelle il achète le *Grand Hôtel*, seule grande structure déjà existante. La côte d'Émeraude est alors en pleine expansion. Déjà saturée, Dinard est aux mains d'autres financiers. Pour monter une vaste opération immobilière, il convient de pousser un peu plus loin, sans trop s'éloigner de cette prestigieuse métropole, en gardant le contact avec la haute société. C'est en 1905 qu'il rachète la majeure partie des terrains du lotissement Joly et fait dresser un plan qui s'inspire des stations normandes à la mode depuis longtemps. Nous renvoyons à la première partie pour tout ce qui concerne cette facette de sa vie.

La villa Borghèse

Ce domicile parisien si élitiste, porte le nom flatteur de *Villa Borghèse*, en mémoire de Pauline Borghèse (sœur de Bonaparte, qui, veuve du général Leclerc, épousa Camille Borghèse) mais aussi de la villa romaine du même nom construite au début du XVIIe siècle. On retrouve en effet une disposition générale à deux ailes débordantes et une profusion de grandes fenêtres qui la rappellent sans la copier véritablement. Elle se situe à 400 mètres de la porte des Ternes, actuellement 29 boulevard Victor Hugo. Elle est alors entourée d'un important parc anglais de 4.518 m^2, avec pavillon, loge et bassin. Elle dispose d'une première sortie carrossable sur le boulevard Victor Hugo, où sa clôture représente 35 mètres. Une seconde sortie carrossable est percée dans l'autre clôture, elle longue de 36,70 mètres, qui donne sur la rue Borghèse.

La villa se divise en un hôtel de style composé de 4 pièces de réception, 3 pièces de service et 13 chambres, et un bâtiment annexe à trois étages, communiquant avec l'hôtel, comportant 4 pièces et 18 chambres. Deux autres annexes de seize chambres viennent s'adjoindre à cette demeure côté Borghèse. Aux entrées se trouvent deux pavillons composés de 6 pièces et 2 garages. On arrivait ainsi au total impressionnant de 47 chambres, ce qui permettait d'accueillir de nombreux invités. La villa possède un confort exceptionnel, puisqu'elle est dotée d'une trentaine de salles de bains. Un chauffage central permet de leur distribuer une eau courante chaude et froide. Cependant il faudra attendre 1902 pour que les évacuations d'eaux diverses soient reliées au tout-à-l'égout.

La façade donnant sur la cour côté Borghèse est longue de 15,70 mètres. L'entrée s'effectue par un large escalier de sept marches, qui s'élargit en s'évasant. Les balustrades (qui existent toujours) ornant les fenêtres du rez-de-chaussée sont en fer forgé très ouvragé en forme de demi-lune, se terminant chacune par une colonne métallique ornée d'un

La villa Borghèse. Le plan de la façade.

pommeau. La porte de bois moulurée s'élève à 3,50 mètres de haut sur une largeur de 1,30 mètres. Elle est entourée de deux grosses colonnes de style grec. Le rez-de-chaussée laisse voir deux portes-fenêtres et deux fenêtres de dimensions identiques à la porte. L'étage laisse apparaître cinq fenêtres de dimensions nettement plus modestes. La façade donnant sur le boulevard Victor Hugo est pratiquement identique à l'autre à l'exception de la porte principale ainsi que de deux fenêtres attenantes qui sont surmontées de demi-arches vitrées. La porte d'entrée vitrée est entièrement ornée de ferronnerie forgée. L'hôtel présente deux avancées architecturales à gauche et à droite.

L'hôtel s'organise sur un sous-sol et quatre caves du côté droit ; au centre se trouve une grande cave à bois, puis une cave à charbon, proche du calorifère, suivi d'un couloir traversé par une bouche à chaleur. Deux pièces identiques n'avaient pas d'affectation particulière. Du côté gauche, existaient une très grande cuisine bien équipée, suivie d'une salle de bain avec baignoire, puis d'un escalier d'une architecture magnifique menant au rez-de-chaussée.

À ce niveau, on découvre à droite, le petit salon. C'est une pièce carrée (quatre-feuilles) qui précède la salle de billard de forme rectangulaire, puis vient un cabinet. Au centre de l'hôtel s'établit le grand salon, de même forme que le petit mais de plus grandes dimensions, puis un vestibule de forme rectangulaire. À gauche, la salle à manger, de forme rectangulaire, se termine par deux arcs de cercle. Quelques pièces d'affectation non définie précèdent l'office.

Le premier étage contient essentiellement de très grandes chambres, toutes dotées d'un cabinet de toilette. Il y a également une lingerie et un cabinet d'aisances. Deux antichambres donnent accès aux différentes pièces.

Plusieurs enfants naissent à la villa : Jean Baptiste Eugène, fils de Philomène Derenoncourt, le 22 ou 25 juin 1888 ; Louis, de la même mère, né le 16 février 1890 ; Roland, fils de Camille Saint-Jacques en 1896 ; et enfin Rachel, de la même mère, en 1899.

Aujourd'hui, bien clôturée, la villa abrite une école privée.

Sylla voit loin

Il est un domaine très particulier dans lequel Sylla va encore montrer sa largeur de vue. Le 8 février 1894, soit trente ans avant sa mort, il achète, sous le n° 32 PA, un petit terrain d'inhumation au cimetière parisien du Père-Lachaise, lieu déjà très cher, mais qui ne pouvait que le devenir davantage. C'est là que sera bâti son mausolée.

La vie de château à Monchy

Pour un personnage aussi somptueux que Sylla, il faut un ensemble de cadres à la hauteur de ses ambitions. Il veut ajouter à sa villa parisienne et à sa villa des bords de mer, un domaine rural. En avril 1894, il acquiert une magnifique propriété, le château de Monchy-Humières[33], près de Compiègne, château qui faisait rêver tant par son passé, sa beauté, que son parc prestigieux[34] au décor classique. Cette demeure historique, qui avait appartenu à de grands seigneurs après diverses vicissitudes, venait d'être restaurée et agrandie par un publiciste nommé Cahen, décédé en1892 et la laissant à sa veuve, Marie Catherine Lesage. Deux ans

Le Château de Monchy-Humières.

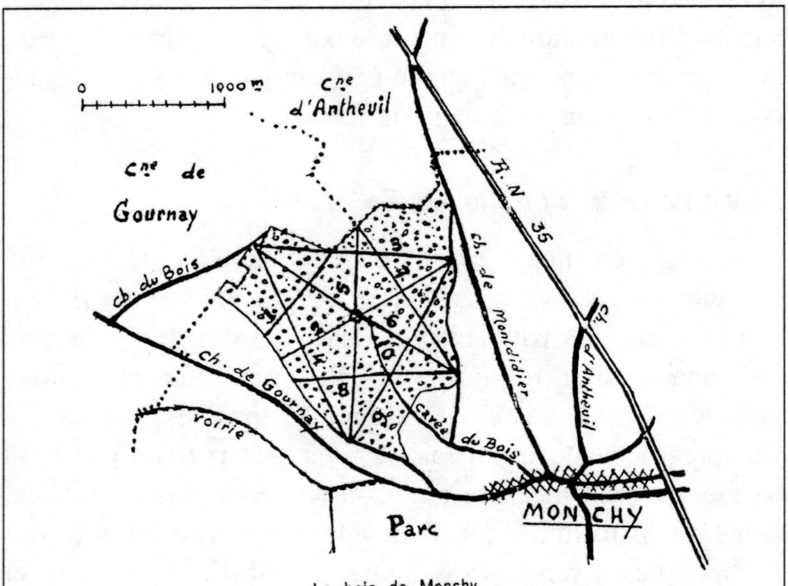

Le bois de Monchy.

Plan du parc du Château.

plus tard, le château et son parc sont mis en adjudication à l'audience des criées du Tribunal civil de la Seine. Le 28 avril 1894, après avoir affronté le feu des enchères, le domaine est adjugé à Jean Volsan Sylla Laraque pour un prix principal de 217.050 francs or.

Les lieux allaient totalement combler les appétits de Sylla comme nous allons le découvrir. Deux petits pavillons situés de chaque côté de la grille d'entrée précédaient une cour d'honneur. À droite du château s'élevait une petite ferme comprenant une habitation à usage domestique, une sellerie, une grande écurie, une grange, une remise et une étable. L'orangerie était située à gauche du château et se composait d'un bâtiment de 20 mètres de long sur 8 de large avec grenier au-dessus. Le potager couvrait une superficie d'un hectare et possédait deux serres. Il faut souligner que l'eau provenant d'une éolienne installée dans le jardin était distribuée dans tous les bâtiments, la cour d'honneur et le potager. Le potager possédait en outre deux réservoirs de 500 litres chacun. Le château pouvait vivre en quasi-autonomie. Le grand parc de 62,71 hectares aux arbres séculaires, qui s'étend derrière le château, comprenait des pelouses, des massifs de fleurs, prairie et étangs, sillonnés d'allées majestueuses à proximité de la rivière. La propriété était entièrement bordée de murs sauf du côté de la rivière. Deux accès existaient. Une entrée donnait sur la place de Monchy et l'autre près de l'église.

Le château était construit sur caves, surmontées d'un rez-de-chaussée et de deux étages en briques et pierres, avec une couverture d'ardoises. À gauche de la façade, on distingue encore aujourd'hui, plaqué contre le bâtiment principal, un grand pavillon précédant une tourelle située à son pignon. Après avoir gravi les grandes marches de l'escalier d'honneur, un péristyle s'offre à nos yeux. Encadrant l'entrée, il est orné de quatre colonnes corinthiennes supportant une balustrade. Il ouvre sur le grand vestibule où fait face une belle statue représentant Diane. Sur le côté droit, on aperçoit la spacieuse salle à manger, puis la cuisine. Le côté opposé donne accès à cinq pièces avec salle de bain et water-closets. Il y a aussi un lieu d'accueil et une partie domestique. Le premier étage est un lieu raffiné. Les murs s'ornent de tapisseries des Flandres et d'Aubusson, de gravures, aquarelles, dessins signés par des artistes tels Eugène Thirion, Van Loo, Watteau, Guido, René, etc. On y trouve la grande salle des fêtes, puis deux chambres, ensuite un cabinet de toilette se trouvant dans la tourelle. De l'autre côté, le grand salon, la bibliothèque, une chambre chinoise et son cabinet de toilette. Deux water-closets s'établissaient à chaque extrémité. Une chambre de style Louis XIV se trouvait dans le pavillon. Le second étage se compose de onze chambres mansardées, de water-closets, avec un escalier accédant à un belvédère. Au-dessus s'étend le grenier. La cave, très grande avec des voûtes en grès, est complétée par des souterrains abritant une cave à vin. Deux escaliers en partent, l'un menant au vestibule pour l'usage des gens de maison, l'autre à la cour pour les livraisons. La tourelle constitue la partie la plus ancienne de la maison. Située à l'angle droit du château, elle s'organisait en cave, office au rez-de-chaussée, chambre avec cabinet de toilette au premier, autre chambre au second.

Sylla a choisi cette demeure pour y vivre intensément. Monchy sera pour lui un lieu où se mêleront les plaisirs et le travail. Une large part de sa correspondance provient de ce lieu. Ce havre de paix non loin de la capitale lui offre tout ce qu'un homme d'affaires en vue peut attendre. Il y partage, avec sa troisième femme Anne Philomène Derenoncourt, des moments heureux, même s'ils sont ponctués de quelques querelles de voisinage.

Bien que récemment installé comme nouveau châtelain, Sylla Laraque se brouille à propos de travaux de curage de la rivière voisine, l'Aronde, avec son voisin le marquis de Thuisy, Eugène Goujon, propriétaire du château de Baugy. De nombreux incidents découlent de ce débat clochemerlesque qui conduit Sylla devant le tribunal. Un jugement est prononcé le 24 février 1897, qui va fixer les limites des deux propriétés. Il n'est guère favorable à Sylla qui, suivant sa pente naturelle, s'est peut-être trop vite avancé dans l'affaire. En effet, le jugement conclut « que le Parc de Baugy s'étendrait jusqu'à l'Aronde qui lui sert de limite au nord et que Monsieur Laraque n'a aucun droit sur la bordure de l'Aronde du côté du Parc de Thuisy. Par suite de cette décision il sera interdit à Monsieur Laraque ainsi qu'à toutes personnes vivant sous son toit de pénétrer dans le parc du Château de Thuisy ». Des marches et des rampes mises en place par les ordres de Sylla sont supprimées ainsi que des tuyaux de terre cuite qui servaient à déverser les eaux de l'étang du château de Monchy dans la propriété de Thuisy. Cette affaire rebondit de nouveau le 22 juillet 1899 : Laraque est de nouveau assigné devant le tribunal et il en résulte une nouvelle sévère mise en demeure :

> *Monsieur Laraque devra curer et faucarder l'Aronde dans la traversée de son parc et que ces travaux devront être faits sans mettre les pieds sur la berge côté Baugy sous aucun motif que ce soit et même d'y déposer les herbes faucardées.*

Pour une fois, mais est-ce la seule, Sylla a trop présumé de ses droits.

Malgré ces fâcheux problèmes qui doivent particulièrement l'agacer, une vie mondaine est rapidement créée au château. Les Laraque y donnent des soirées prestigieuses aux riches fortunés de leur monde. Philomène Derenoncourt, l'énergique compagne de cette époque y « règne en Reine » selon l'un de ses petits-enfants.

Sylla baigne bientôt dans les honneurs locaux. Un article de la *Gazette de l'Oise*, intitulé *La Compagnie d'Arc*, en date du 27 avril 1899, relate les faits suivants en un texte thuriféraire mais plein d'enseignements qui nous permet de comprendre son intégration dans le pays :

> Monsieur Laraque, le nouveau et déjà populaire châtelain de Monchy-Humières, vient d'être connétable de la Compagnie d'Arc. Une cérémonie imposée par le règlement des archers a eu lieu à cet effet. Elle a donné lieu à l'échange de deux discours : voici d'abord celui du Capitaine de la Compagnie, Monsieur Baron, le maire de Monchy. « Monsieur, les nobles caractères et les cœurs généreux se font apprécier aussitôt qu'ils se montrent. C'est ainsi que la population de la commune de Monchy a pu reconnaître et admirer ces autres qualités chez vous et votre aimable famille, bien qu'elle n'ait que depuis peu de temps le bonheur de vous posséder dans son sein. Je suis aujourd'hui son fidèle interprète, Monsieur, en venant vous assurer que vous possédez déjà sa confiance et son affection. C'est pénétrée de ces sentiments que la Compagnie d'arc de la commune vous demande de lui faire l'honneur d'accepter le titre de connétable, titre qui vous est décerné à l'unanimité. Nous prenons la liberté, Monsieur, de mettre sous vos yeux les statuts et règlements généraux donnés en 1733 pour toutes les Compagnies d'arc, par Monsieur de Pompone, chancelier des ordres du roi, abbé de Saint Médard-les Soissons, juge souverain du noble jeu de l'arc et des confréries de Saint Sébastien.

Ces statuts et règlements, en même temps qu'ils consacrent avec une touchante sollicitude une des distractions les plus attrayantes pour la jeunesse de nos campagnes, se sont attachés, ainsi que vous pourrez vous en convaincre en les parcourant, à y faire régner une honnêteté et une décence exemplaires, garanties par de sévères dispositions disciplinaires. C'est conformément à l'article 1er de ces statuts, que la Compagnie appelée à nommer son premier officier, vous a décerné le titre de Connétable. La Compagnie sera heureuse et fière de marcher à la suite d'un si honorable chef. »
Monsieur Laraque a répondu : « Messieurs, très ému par les paroles profondes et sympathiques de notre estimé Maire et capitaine des Archers, qui, à ce double titre, s'est fait l'écho de vos sentiments pour moi, je ne pourrai peut-être pas m'exprimer, ni vous dire comme je le voudrais, combien je suis sensible à cette manifestation de la population de notre chère commune de Monchy, qu'il représente si dignement. Je suis très touché de cette distinction de Connétable de la Compagnie d'arc de Monchy dont vous m'honorez. Je suis fier d'être votre chef, d'être des vôtres. C'est avec une émotion bien grande que je vous remercie tous messieurs, et en particulier notre capitaine, à qui revenait de droit cet hommage. Avec sa modestie habituelle, il vous a inspiré ma nomination, heureux de profiter ainsi de l'occasion que vous lui donniez de resserrer les liens qui vous unissent déjà ; car s'il y a peu de temps que je suis parmi vous, il me semble que nous nous connaissons depuis longtemps, et je me suis fait vôtre, quand j'ai su apprécier votre qualité et la délicatesse de vos sentiments. Que notre devise soit donc : Devoir, Union, Souveraineté et Sincérité. Que chacun de vous, Messieurs, emporte de son Capitaine, de son Connétable et de cette petite cérémonie, un souvenir inoubliable, comme celui que je garderai de vous tous... Levons nos verres à la prospérité de la France et à la Compagnie d'arc de Monchy. »

Après la petite cérémonie si imposante de la remise du brevet, les archers se sont rendus sur la terrasse, en face de la grande pelouse du château de Monchy, où l'oiseau a été abattu aux applaudissements de tous les assistants, par l'habile capitaine,

Maire de Monchy, M. Baron, déjà victorieux l'année dernière. En faisant le compte rendu de cette petite fête intime, où se dégage une absolue franchise dans l'échange des sentiments, ce qui donne un cachet familial à cette réunion, j'ai souri en songeant que le propriétaire du château de Monchy, qui a exprimé si naturellement et si aimablement à ceux qui l'ont choisi pour chef, combien il était flatté d'être des leurs, est loin d'être l'ogre que l'on essayait de nous représenter, il y a quelques mois. C'était probablement dans un but d'intérêt personnel. En moraliste, avisé, je dirai : que la vérité finit toujours par percer les ténèbres les plus épaisses. Et les archers de Monchy-Humières conserveront longtemps encore le souvenir de leur gracieuse réception de leur connétable.

C'est donc d'abord avec une réputation d'ogre que Sylla a été accueilli à Monchy, image certainement liée à ses problèmes de voisinage, mais qu'il parvient à effacer. Parmi les dix enfants de Philomène Derenoncourt, nous avons la certitude que trois enfants au moins sont nés à Monchy : Anne Marie Marguerite en 1897, René Jean Baptiste en 1898, Suzanne Marie Joseph en 1902.

Une rencontre décisive

Une dizaine d'années après son arrivée, il rencontre, dans la bonne société, Georges Norrindall Saint-Jacques qui, après une belle carrière dans l'administration fiscale comme trésorier payeur général au Gabon, s'installe à Paris. Il a pour épouse Marie Joséphine Antigone Ihier de Saint Hilaire dont il a eu trois filles. L'une d'elles, Louise Joséphine Camille Saint-Jacques[35], belle métisse née à Fort-de-France en 1877, va devenir sa maîtresse. Mais ce n'est probablement guère avant 1895, date des dix-huit ans de l'ardente personne, que

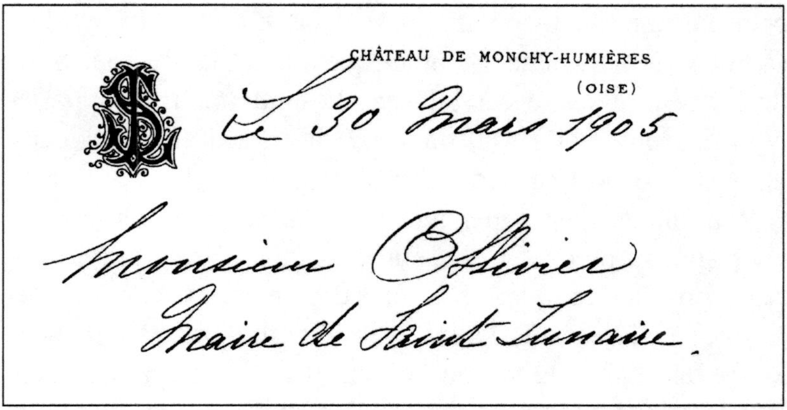
CHÂTEAU DE MONCHY-HUMIÈRES
(OISE)

Le 30 Mars 1905

Monsieur Ollivier
Maire de Saint Lunaire.

Extrait d'une lettre de Sylla Laraque. On y discerne son monogramme.

Le mausolée de Jean III d'Humières au Château de Monchy-Humières.

cette liaison, qui va prendre un caractère tout à fait régulier, se noue. Selon Michel Saint-Jacques, il est facile pour Sylla de lui rendre visite car elle habite également un appartement à Neuilly. De 1896 à 1902, il en a d'ailleurs quatre enfants, tous nés sur cette commune.

Philomène n'est cependant pas femme à se laisser marcher sur les pieds. Si elle eut peut-être une certaine tolérance pour les frasques physiques de son époux, elle n'admet pas que celles-ci interfèrent avec le déroulement normal de la vie familiale. On le voit nettement dans un épisode ayant lieu à Saint-Lunaire. Madame Derenoncourt a la charge de la grande villa de famille, surveillant linge, personnel, entretien et surtout dirigeant la vie sociale. Michel Saint-Jacques raconte l'anecdote suivante : « Mon père me dit qu'un soir de réception du corps diplomatique, mon grand-père laissa passer l'heure, peut-être dans les bras de quelque dame. Philomène empoigne l'extrémité de la nappe et, devant le personnel médusé, nappe et vaisselle empruntent le chemin de la fenêtre. »

Qui était la dame en cause ? Peut-être Camille Saint-Jacques qui le suit dans ses périodes balnéaires. Michel Saint-Jacques continue : « Mon grand-père était coutumier du fait ; il a d'ailleurs eu une célèbre histoire qui a alimenté la chronique de Saint-Lunaire. » Au cours d'une permission de l'école navale, le fils naturel Henri qui possède un tandem se voit réquisitionner par Philomène munie d'un parapluie, ce qui l'étonne en ce jour de beau temps. Elle se fait conduire à une villa d'où bientôt partent des cris et d'où elle ressort son parapluie vengeur tout tordu. C'est la maîtresse en titre, Camille Saint-Jacques, qu'elle est allée corriger. Laraque, rentrant le soir, devine l'orage mais parvient à éviter la querelle en s'occupant affectueusement du jeune Henri.

Une société secouée par les scandales financiers

C'est l'époque du scandale de Panama : de nombreux financiers sont compromis, des hommes politiques, des journalistes qui ont monnayé leur influence. En 1893, le procès des administrateurs arrive devant la cour d'appel de Paris. La prescription joue et les condamnés échappent aux sanctions. Le pays est divisé, le régime menacé ; des chefs parlementaires comme Clemenceau sont écartés de la vie politique pour des années. Presque aussitôt survient l'affaire Dreyfus qui va finir de couper la France en deux pour longtemps. La querelle religieuse s'envenime sérieusement à partir de 1902, pour aboutir aux lois de séparation de l'église et de l'état en 1905. C'est dans cette ambiance méphitique que Sylla doit poursuivre son chemin. Mais jamais la bonne société ne s'est autant amusée alors que se profile à l'horizon l'attentat de Sarajevo. Laraque est très introduit dans les milieux d'affaires et bien informé.

Le royaume de Bir-Chana

Après un château, Sylla va s'assurer un véritable petit royaume. Pour satisfaire les besoins du *Grand Hôtel* et de ses autres propriétés, Sylla Laraque acquiert vers 1903 un domaine vinicole du nom de Bir-Chana, non loin de Zaghouan en Tunisie. Cette propriété de 1.200 hectares appartient originellement à Thérèse Humbert, née Daurignac, qui avait épousé Frédéric Humbert, fils de Guillaume Humbert, professeur de droit romain, sénateur puis ministre de la justice. Elle est responsable d'une énorme escroquerie qui défraye l'opinion publique à partir de 1895. Elle avait monté un système d'emprunts s'élevant à 60 millions or en se donnant facticement comme héritière du multimillionnaire américain, Robert-Henry Crawford. Le 7 décembre 1902, Vallée, ministre de la justice du cabinet Comte, est interpellé avec violence par l'opposition nationale exacerbée contre lui par les lois anticléricales. La droite va tenter de faire tomber le gouvernement en se servant du scandale Humbert. On extrade la « grande Thérèse » d'Espagne où elle s'est réfugiée et elle passe aux assises le 8 août 1903. Elle est condamnée à cinq ans de prison. Laraque se trouve en voyage en Tunisie quand il apprend l'effondrement de ce système frauduleux. Intéressé par la production vinicole dont il comprend aussitôt les possibilités pour ses hôtels, il se fait couvrir téléphoniquement par le *Crédit Lyonnais* qui informe la banque l'*Union Parisienne* de Tunis, de sa solvabilité. Michel Saint-Jacques pense que, compte tenu de l'entregent de Sylla et de sa fréquentation des salons parisiens, il est probable qu'il dispose d'une information préalable.

Il doit beaucoup aimer ce site où il passe de longs séjours. Dans ce pays encore assez sauvage, la vie sans rapport avec celle des domaines français est forte et quasi aventureuse, ce qui convient parfaitement à son caractère. Il y a même une cavalerie armée composée d'excellents soldats marocains pour le protéger. Cette différence de nationalité contribue à la solidité de la défense. Il y a cependant une police montée officielle à proximité, mais celle-ci est inopérante, étant chargée de la surveillance de plus de dix mille hectares. Sylla, excellent cavalier, aime participer à des fantasias, et dans certains cas à de véritables charges de cavalerie destinées à disperser des Bédouins trop entreprenants.

La famille vit là-bas la vie aisée et fastueuse des grands propriétaires pieds-noirs. Le magnifique Sylla fait même ériger une gare sur le tracé du train traversant son domaine. Cependant, dès 1913, des dissensions apparaissent entre Sylla et sa quatrième épouse, Louise Joséphine Camille, née Saint-Jacques. Il quitte alors le domaine, lui en laissant la jouissance jusqu'à l'après-guerre, date à laquelle il le vend comme nous le verrons.

Sylla solde le passé

Philomène paraît être revenue au moins à deux reprises à Haïti, avec ou sans Sylla, car elle accouche à Port-au-Prince de Louis (septième enfant) le 16 février 1890 et de Marcelle (huitième enfant) en 1893. Malgré son exil, on n'y oublie pas pour autant Laraque, et le vieux Nord Alexis, devenu président, lui intente un sévère procès pour lui faire payer des droits de douane réclamés pour son ancienne maison d'exportation. Sylla tente une contre-attaque en publiant d'abord *Les forces rétrogrades à Haïti*, ouvrage dans lequel il dénonce les agissements selon lui scandaleux du Tribunal civil du Cap-Haïtien. Il est condamné, le 15 juin 1905, à payer 114.845 piastres de droits non réglés. Il publie alors un ouvrage[36] de quatre-vingt-dix-huit pages, remarquablement rédigé : *Juges centrifuges sous un président centripète* dans lequel on peut lire :

> *Alors que mon domicile en France est parfaitement connu de la Légation d'Haïti à Paris, du Gouvernement là-bas, de tous les Haïtiens venus en Europe, on m'a prétendument signifié au Cap les actes d'assignation, de telle sorte que j'ai été dans*

l'impossibilité de préparer mes moyens de défense. Le jugement de condamnation une fois obtenu, le Parquet s'est souvenu de mon domicile, et m'a fait parvenir une signification par la voie diplomatique.

Ayant fait diverses avances au gouvernement et ayant obtenu certains remboursements, Sylla reconnaît de lui-même qu'il est débiteur de 33.000 gourdes, mais créancier de 24.000. Il se déclare prêt à rembourser les 9.000 gourdes de différence, mais seulement après quitus de sa créance. Il signe *Agriculteur et industriel*, ce violent pamphlet politique et économique, d'ailleurs truffé de documents authentiques, dans lequel il dénonce les violentes mœurs politiques de ses concitoyens. Mais ce document paraît être un adieu à sa vie passée, tous ses regards se tournant maintenant vers la France qui l'a accueilli. La page est tournée. La fin de cette année 1905 sera marquée à Saint-Lunaire par le naufrage du vapeur le *Hilda*, le 19 novembre sur le récif des Portes. De nombreuses personnalités de la colonie anglaise de la côte et beaucoup de marchands d'oignons de Roscoff et environs y périssent. Le deuil est général dans toutes les paroisses de la région.

Décès de Philomène et départ de la villa Borghèse

En 1909, un événement capital marque la famille : la disparition de l'énergique épouse née Derenoncourt. Sylla paraît avoir eu le désir de quitter alors un lieu peuplé de tendres souvenirs. La villa avait vu la naissance de quatre enfants Laraque.

La villa dispose d'un grand et beau terrain ainsi que d'un parc. En 1909, un bâtiment supplémentaire est construit par l'architecte Lemoux[37], 14 rue Borghèse (la villa est au n° 8) pour y établir, louée à mademoiselle Lucie Lange investisseur, une maison de santé de luxe dirigée par un médecin, le docteur Cautru.

La famille garde une partie de la villa pour son usage mais jouit aussi d'un grand appartement à Paris.

Un remariage de régularisation

Sylla ne reste pas longtemps veuf mais épouse, régularisant sa situation, sa maîtresse Camille Saint-Jacques dont il a déjà quatre enfants. La villa Borghèse est partiellement revendue en 1911. Le reste devient l'héritage de la famille Saint-Jacques.

Selon son petit-fils, malgré les moyens importants que Sylla lui procure, Camille Saint-Jacques s'avère médiocre éducatrice aussi bien pour les enfants des mariages antérieurs que pour les siens, enfants qui atteignent il est vrai le nombre respectable de onze. Selon son petit-fils, elle ne réussit à leur donner qu'une éducation assez légère qui fait que Léonce est le « Nègre » de Saint-Cyr, et Henri celui de Navale, soit les derniers de leur promotion, place d'ailleurs recherchée que les jeunes militaires mettent un certain snobisme à obtenir.

Laraque possède, en mai 1905, à Paris près des Champs-élysées, un appartement, 19 rue de Marignan, dans l'actuel 8e arrondissement ; c'est probablement là qu'il se tenait lorsqu'il n'était pas ou plus à la villa Borghèse.

La rencontre de Sylla Laraque avec Louis Blériot en 1909

À Paris, les Laraque habitent avec leurs onze enfants dans un appartement, au-dessus de la famille Blériot. Mais, sans

Blériot avec l'avion de l'exploit : le Blériot XI.

un accident domestique, les deux hommes ne se seraient peut-être jamais rencontrés. Vers 1909, l'un des enfants de Sylla, Camille[38], âgé de six ans, mal surveillé, enjambe la balustrade du quatrième étage pour entreprendre une descente acrobatique, glisse et tombe dans le vide. Une coïncidence heureuse fait que madame Blériot, présente sur son balcon, attrape au vol le petit intrépide[39]. Il est reconduit dans sa famille, provoquant l'émotion la plus vive. Madame Blériot informe son mari (alors malade et souffrant de la jambe droite à cause d'un accident survenu lors de son dernier essai), mais celui-ci, pris dans ses travaux, n'y prête sur l'instant qu'une attention ponctuelle. D'autres soucis le tourmentent. Dans ses tentatives, il a cassé beaucoup d'avions et manque alors cruellement d'argent. Les rumeurs journalistiques sur une proche tentative de la traversée de la Manche vont bon train et il craint infiniment d'être précédé par Latham. Il a cependant un avion mais sans moteur, ce qui donne à son épouse une certaine paix de l'esprit, car elle s'épouvante chaque fois que son mari vole. Le concierge de l'immeuble vient, envoyé par la tante de l'accidenté, madame Saint-Jacques, porter un premier remerciement et annoncer sa visite pour l'après-midi. Gastambide imagine, dans son ouvrage, qu'il attire l'attention de Blériot sur l'aide que Sylla, homme important, était susceptible de lui apporter.

Rentrant de son bureau vers quatorze heures, Laraque est informé par sa nouvelle femme Camille Saint-Jacques de l'accident de leur fils Camille Eugène, qui sans la présence de madame Blériot aurait pu être tragique. Il descend aussitôt remercier les Blériot. Le couple est là avec ses cinq enfants ; l'aviateur, penché sur des plans, est préoccupé et semble anxieux. Sylla se répand en remerciements et demande comment il pourrait les obliger. Blériot lance — peut-être sous forme de plaisanterie — que le seul service qu'on puisse lui rendre serait un apport de vingt-cinq mille francs pour son projet. Il aurait aussi évoqué un contrat de 200.000 francs or passés en début de mois avec Anzani lui concédant l'exclusivité de la production de ses moteurs à condition de remporter des succès spectaculaires. Gastambide écrit aussi que Blériot aurait demandé au concierge d'informer Sylla, avant sa visite, qu'il cherche un commanditaire pour le Blériot XI à réparer et qu'il donnera à celui-ci la moitié du prix de 125.000 francs offert par le *Daily Mail* au premier aviateur qui traversera la Manche. On ne demande plus un secours, on propose une affaire. Quoi qu'il en soit, affaire préparée ou réaction spontanée, l'aventure est bien dans le goût de notre personnage, toujours avide de sensations et risques financiers raisonnables. Sans hésiter, Sylla signe aussitôt un chèque de la somme demandée à l'ordre de *Louis Blériot, constructeur d'aéroplane*. Une autre source confirme que ce serait bien 25.000 francs que Sylla aurait concédé pour la réparation du Blériot XI. Sylla l'imaginatif comprend parfaitement que cette traversée de la Manche ouvrira la navigation aérienne nouvelle, vers Angleterre d'abord et bientôt partout.

Dès que Laraque a quitté l'appartement, Blériot téléphone à son ami Alfred Leblanc, le distingué aéronaute, membre de l'Aéro-Club de France qui s'est illustré l'an passé pendant la coupe Antonetti et la coupe du journal *Le Gaulois*, et l'aventure prend corps. Leblanc tente de calmer son enthousiasme, le trouvant dangereux, mais Blériot s'accroche à sa décision. Leblanc, vaincu, propose de traiter avec Anzani, d'envoyer Collin et Marmet à Calais où il faut envoyer le monoplan. La suite, nous la connaissons, Blériot traverse la Manche avec succès le 25 juillet 1909, aux commandes de son fragile monoplan n° XI propulsé par un moteur Anzani de 25 VC, trois cylindres. Il atterrit sur les falaises de Douvres. Avec ce succès, l'aviation européenne va gravir les premiers échelons menant à la maturité, démontrant ainsi les possibilités de l'aéroplane. Cette prouesse sonne le glas de la célèbre insularité britannique. Blériot et Sylla resteront ensuite amis.

Le départ de Camille en Tunisie

Apparemment, la vie d'épouse légitime et surtout d'épouse chargée d'une immense famille se révèle plus difficile et moins agréable que celui de maîtresse en titre ; Camille se brouille rapidement avec Sylla et s'en sépare physiquement tout en restant en permanence en contact avec lui. Pour l'éducation de ses nombreux enfants, Laraque s'appuie heureusement sur une talentueuse gouvernante, Emma Grandjean[40], surnommée Paniche, qui devient un véritable membre de la famille. En 1913, Camille vit seule sur leur domaine de Bir-Chana, en Tunisie.

Monchy et la Première Guerre mondiale

L'existence dorée au château de Monchy-Humières, déjà compromise depuis la mort de Philomène, va totalement disparaître avec la Grande Guerre qui en écarte les propriétaires. Le château sert de poste de commandement en 1917. Le général Fayolle de la 6e armée s'y installe. Il y prépare avec son état-major les plans d'une offensive sur le front de

Clemenceau en visite au Château de Monchy-Humières en mai 1918.

la Somme et de l'Oise. Elle n'a pas lieu parce que les Allemands font retraite jusqu'à Saint-Quentin. La bataille de Saint-Quentin est dure et sanglante avec de grosses pertes en hommes et en matériel. Les Allemands reprennent ensuite (début 1918) leurs anciennes positions. Le 6 mai 1918, le château reçoit la visite de Georges Clemenceau dit « le tigre », ministre de la Guerre, entouré du capitaine Humbert, du général Nadaud commandant du 34e Corps d'Armée, du général Humbert commandant de 3e armée, et du colonel Dordé sous-chef de l'état-major du 34e Corps d'Armée. L'objet de cette visite est d'obtenir (6 mai et 7 juin 1918) du général Nadaud l'état exact du moral des troupes qui vont subir une nouvelle attaque.

Elle a lieu le 9 juin 1918. L'armée allemande fait reculer l'armée française jusqu'aux portes du château. La bataille dure deux mois aux alentours et les constructions ainsi que le parc subissent d'importants dégâts. Les obus atteignent la toiture. Les arbres séculaires sont condamnés à l'abattage. Le spectacle en 1919 est lamentable.

Le domaine de Saniet Ali Zarrouk

Au lendemain de la guerre, le vieux lion est fatigué mais pas résigné. Gérer tant de biens et diriger une vaste famille est difficile. Surveiller production, transport des vins devient trop prenant. Il revend le domaine de Bir-Chana, obligeant de ce fait Camille qui l'occupe à changer de domicile. Pour avoir vendu Bir-Chana, Sylla Laraque n'abandonne pas pour autant la Tunisie, et Camille n'est pas laissée dans la médiocrité car elle vient vivre jusqu'en 1924 à Zaghouan près de

Carthage dans la nouvelle propriété que nous allons maintenant évoquer.

Sylla achète, dans la Manouba, un vieux domaine historique qu'ont occupé plusieurs beys et célébrités, avec un palais datant de 1764. Les vendeurs sont alors Ali Ben Ahmed Zarrouk et son épouse Lella Aziza qui viennent de faire immatriculer le domaine le 27 décembre 1917. L'achat a lieu le 19 juillet 1919, pour la somme de 250.000 francs, compris le rachat de deux hypothèques, l'une de 100.000 francs au profit d'Alice Chabotteau, veuve du comte Manabréa, marquis de Val Dora, et une autre de 26.000 frs.

En 1922, la célèbre comédienne Ève Lavallière, une habituée de Saint-Lunaire, se rend à Tunis à l'instigation de Mgr Lemaître, archevêque de Carthage et primat d'Afrique, y suivre une retraite. Malgré sa vie mondaine, Ève fait en effet partie du tiers ordre de saint François.

De faible santé, elle effectue cependant une seule sortie au Kef, à Zaghouan où réside Camille. Tout laisse supposer qu'elle l'y rencontre, dans un pays où les Européennes sont rares et où leur vie est publique. Mgr Lemaître souhaitait depuis longtemps organiser un collège de jeunes filles avec le soutien du cardinal Baudrillart. C'est probablement à la suite de son entretien avec Camille que Ève Lavallière lui apprend que Sylla, vieillissant et déjà malade, est disposé à céder sa vaste propriété dans la Manouba, où s'élève un véritable palais, un verger et une orangerie. Le 10 juillet 1923, la Société civile La Tunisienne agissant au nom de l'archevêché en fait l'acquisition. Une importante donation d'Ève Lavallière sert à régler Laraque. Le collège d'Hulst y est alors installé.

TABLEAU DES PROPRIETES RETROUVEES DE SYLLA LARAQUE			
Date entrée possession	**Lieu**	**Type**	**Nom**
1885 ?	Le Havre-Paris	Maison de commerce	Maison Laraque
1888	Neuilly	Villa 1	Borghèse
1889	Saint-Lunaire	Hôtel	Grand Hôtel
1889	Saint-Lunaire	Usine à gaz	Usine à Gaz
1889-1923	Saint-Lunaire	Terrains divers	En propre ou en sociétés
1891	Saint-Lunaire	Villa 2	Marcelle Escale
1893	Saint-Lunaire	Villa 3	La Massilane
1894	Saint-Lunaire	Villa 4	Saint-François (Caprice)
1894	Monchy-Humières	Château	Monchy-Humières
1899	Saint-Lunaire	Casino	Casino de la plage
1901	Saint-Lunaire	Villa 5	Loc Maria
1903	Tunisie	Domaine vinicole	Bir-Chana
1903	Tunisie	Domaine vinicole	El Kantara
1903	Saint-Lunaire	Maison 6	(située aux Mielles)
1905	Paris Rue de Marignan	Appartement	
1907	Saint-Lunaire	Usine électrique	Usine électrique
1907	Saint-Lunaire	Blanchisserie	Blanchisserie
1909	Neuilly	Maison de Santé	Borghèse
1909	Saint-L. Bd du Décollé	Villa 7	Le Fournil
1910	Saint-Lunaire	Maison 8	(près du cimetière)
1919	Zaghouan	Domaine	Saniet Ali Zarrouk
1910	St-L. Bd de Longchamp	Magasin de bois	
1910	Saint-L. aux Mielles	Abri des tennis	
?	Saint-Lunaire	Villa 9	Les Tilleuls
?	Saint-L. Rue du Port	Hôtel	Belle vue
?	Saint-Lunaire	Hôtel	Hôtel de Paris
?	Saint-Lunaire	Villa 10	Caprice
?	Saint-Lunaire	Villa 11	Gisèle (La Martinique)
?	Saint-Lunaire	Villa 12	Les Fauvettes
?	Saint-Lunaire	Villa 13	Les Muguets
?	Saint-Lunaire	Villa 14	Les Quatre Saisons
?	Saint-Lunaire - Décollé	Éolienne	
?	Saint-L. Bd du Décollé	Halle	

La mort de Sylla et la dispersion des biens

Les réparations du château de Monchy vont commencer lorsque, après une vie bien remplie, Sylla décède le 22 août 1924 à Neuilly-sur-Seine, 29 boulevard Victor Hugo, adresse de la villa Borghèse, dans la partie conservée. Il est enterré dans une tombe magnifique à Paris, au Père-Lachaise sous le n° 35 du carré 92.

Les héritiers ayants droit sont au nombre de treize frères et sœurs consanguins, légitimes et légitimés issus des trois mariages successifs (Duvivier, Derenoncourt et Saint-Jacques). Pour régler cette vaste succession, il est décidé de vendre tous les biens du défunt. Le partage ne se fit pas sans peine et une des filles eut un procès avec ses frères et sœurs qui dura trente ans selon Jean-Pierre Bihr.

La dissolution commence par la vente du mobilier prestigieux du domaine de Monchy : gravures, aquarelles et dessins de grands artistes. Une immense table de marbre est mise à prix ainsi que des tapisseries des Flandres et d'Aubusson. Deux toiles représentant l'abbesse de Humières, fille du maréchal, et le portrait de Jehan de Humières sont dispersées lors de la vente dirigée par maître Mouret, notaire à Compiègne. Elle dure quatre jours (du 27 au 30 juin 1925). Maître Mouret met ensuite en vente le château ainsi que son parc, qui est adjugé le 7 mai 1928 à Maurice Laraque (neuvième enfant né en 1895) pour 607.000 F. Il achète cette propriété au profit de sa sœur Alice. Celle-ci, plus âgée, aimait côtoyer les gens du village voisin où elle s'était fait quelques amis. Une correspondance au dos d'une carte postale en témoigne :

> Bien chère Madame. Comme c'est rare de réussir la bécasse, je me fais un plaisir de vous offrir celle-ci. J'espère vous voir

> bientôt et que Mr Gellé ressent toujours les bons effets de sa cure à Vichy. Bien des choses à vos enfants et de gros baisers à Anne[41] et Jean. Bien affectueusement. Théragne.

Le château n'en a pas encore terminé avec ces tribulations. En effet, le 23 septembre 1936, il est mis en vente judiciaire à la requête d'un petit créancier, à qui Alice Laraque doit une somme de 10.000 frs. Cette nouvelle vente attire un nombreux public car la mise à prix est dérisoire. Au moment où l'adjudication va avoir lieu, un coup de théâtre se produit : on apprend qu'un antiquaire parisien (qui se dit banquier) a réglé à la dernière minute la somme en cause ainsi que tous les frais de justice. Pour obtenir son secours, Alice a dû lui céder des meubles d'une valeur nettement supérieure à la dette. Hélas, une nouvelle créance impayée (25.000 frs) provoque une nouvelle poursuite judiciaire, qui conduit à la perte définitive du château. Le 15 décembre 1936, le Tribunal Civil de Compiègne adjuge le château à Eugène Stengel de Paris pour la somme de 381.000 frs. Le devis de remise en état du château et du parc ayant révélé des frais énormes, Stengel s'empresse d'ailleurs de les remettre en vente[42], mais nous sommes en 1941.

En Bretagne, divers actes liés à la succession sont passés chez Maître Vercoutère, notaire à Saint-Malo, le 20 novembre 1925. Nous observons, pour les biens situés à Saint-Lunaire, les attributions des lots suivants : le 8e lot, l'*Hôtel Bellevue*, qui passa à M. Gicquel, le 11e, la *blanchisserie*, à M. Paillard, le 12e, un terrain près de la blanchisserie, au même, le 16e à mademoiselle Haye, le 18e, la villa les *Fauvettes*, à Madame Marche, la villa les *Muguets* à mademoiselle Baudy. La maison de commerce aboutit par enchères à Monsieur Doyen. Entre autres attributions, on trouve les villas la *Martinique* à Camille Saint-Jacques veuve Laraque, *Alice* à Louis Laraque, *Marcelle*, et *Caprice* à Maurice Laraque, ainsi que les *Quatre saisons* en indivis avec Inès Laraque, le *Grand Hôtel* à madame Huteau née Laraque.

La même année, la dernière épouse, Camille Saint-Jacques, revint de Tunisie, probablement pour participer à la succession. Elle s'installa à Pau où elle mourut toujours en 1925, suivant ainsi de peu Sylla dans la mort. Selon Michel Saint-Jacques, des rumeurs sinistres coururent sur sa disparition. Elle avait été victime d'une dose excessive de digitaline d'origine inexpliquée.

Ainsi disparut tragiquement la dernière protagoniste directe d'une histoire faite d'or, de paillettes, d'énergie, de génie inventif mais aussi, assurément, de souffrances. Des œuvres multiples de Sylla, de sa vie tumultueuse, quatre épouses, trois maîtresses principales, vingt-quatre enfants, nous retiendrons surtout ce qui fut la base de cet ouvrage : le visage du Saint-Lunaire moderne, les multiples emplois qu'il créa, et son rôle d'incontournable accoucheur de la modernité, pour lequel nous lui rendons grâce.

La mémoire renaît

Sylla n'a jamais été complètement oublié à Saint-Lunaire, mais la Seconde Guerre et surtout le renouvellement de la population firent que son souvenir s'estompa. Depuis le développement du goût pour l'histoire locale et la généalogie, une curiosité nouvelle lui redonne place.

Sylla en son privé

Épouses ou liaisons	Date mariage	Enfant	Naissance	Décès
Olivia Duvivier	1871	1 Léonce	1872	1942 ?
Madame X[1]		2 Henri	1874	?
Losanna Durand	1874			
Anne Marie Philomène Derenoncourt 1864 ? -1909	1876	3 Eugénie	1882	1886 ?
		4 Anne Maria	1885	?
		5 Anne Marie Alice (dite Alice)	1886	1977
		6 Eugène	1888	1899
		7 Louis	1890	1973
		8 Marcelle	1893	?
		9 Maurice	1895	1978
		10 Andréa	1896	1955
Madame X[2]		11 Jean	1896	?
Anne Marie Philomène Derenoncourt	1876	12 Anne Marie Marguerite	1897	1997
		13 René Jean Baptiste	1898	1916
Madame X[3]		14 Roger	1898	1966 ?
A. M. P. Derenoncourt	1876	15 Marie Josèphe Suzanne	1902	1995
Camille Saint-Jacques 1877-1925	1911 ?	16 Roland	1896	1962
		17 Rachel	1899	?
		18 Sylla II	1900	1970 ?
		19 Camille Eugène	1902	1986
		20 Mireille	1904	1995
		21 Jean	1907	1940
		22 Pierre Raymond	1910	1923
		23 Elmire Camille Isabelle Simone	1912	?
		24 Robert	1913	1935

En août 1994, une stèle en granit de Lanhélin est érigée sur la digue en l'honneur de Sylla et inaugurée par le maire Aimé le Foll, aujourd'hui décédé, en présence de descendants qui se retrouvent ou font connaissance. Le premier magistrat évoque longuement la mémoire de l'illustre bâtisseur et souhaite que, désormais, la famille Laraque renoue des liens étroits avec notre petit mais charmant pays. C'est le cas, puisque, le 19 juillet 2000, Isabelle Laraque, petite-fille, prête à la commune (monsieur Michel Penhouët étant maire), pour une durée de vingt ans, un buste en bronze de son arrière-grand-père sculpté par Alfred Boucher. Tout un mouvement de recherches sur Laraque est ainsi enclenché. Du reste, monsieur Michel Saint-Jacques et d'autres membres de la famille encouragèrent vivement la rédaction de cette étude.

Exeat

N'oublions cependant jamais que Saint-Lunaire, comme beaucoup d'autres cités balnéaires, n'est pas sortie du néant. Elle a eu, sous le nom de « paroisse Saint-Lunaire de Pontual », un long passé qui s'inscrit dans l'histoire de Bretagne. Sa population est vigoureuse ; elle est née d'une alliance entre les forces paysannes et les forces de la mer. Laissons-lui le dernier mot — un vieux dicton populaire local qui convient aux marins comme aux plaisanciers :

« Saint Lunaire, préservez-nous du naufrage en mer. »

L'hommage de Saint-Lunaire.
La stèle gravée en l'honneur de Sylla Laraque.

NOTES

1 *Bains de mer Dinard*, Rennes, Oberthur, 1870.

2 *L'Avenir de Dinard*, Paris, Goupy, 1874.

3 Le dictionnaire d'Ogée donne souvent des éléments datant d'avant la Révolution ainsi que des plus récents rajoutés par Marteville et Varin au XIXe siècle.

4 Il a été maire de cette ville en 1870-1871.

5 Ancien élève des Beaux-Arts (1840-1907), nombreuses constructions à Paris dont l'hôtel du *Figaro*.

6 Zones sablonneuses de bord de mer.

7 Familles de Pontual et de Pontbriand.

8 Dont la fête se célèbre le premier dimanche de juillet. Saint Leonor avait aidé Iona (veuve de Eroch mort vers 535, remariée au cruel Conomore) à cacher son fils Judual. Il fut évêque d'Aleth.

9 Ille-et-Vilaine, canton de Guichen, arrondissement de Redon.

10 Rapport présenté en 1893 à la Société Archéologique d'Ille-et-Vilaine sur les réparations exécutées à l'ancienne église de Saint-Lunaire par le comte de Palys, vice-président de la société (Rennes, Marie Simon, 1894).

11 Avocat morbihannais (1850-1999) et arboriculteur distingué. Il contribua lui aussi au développement comme Président du syndicat des propriétaires riverains des chemins ruraux. Il s'est implanté à Saint-Lunaire en 1884.

12 Selon Jean-Pierre Bihr, c'est parce qu'elle n'obtient pas de villa à Saint-Briac où l'ont précédée et se sont logées ses sœurs (Victoria, épouse du grand duc Kyrille, et l'infante Béatrice). Elle est très populaire pour avoir orienté la Roumanie du côté des alliés en août 1916.

13 Actrice parisienne (1866-1829), de son vrai nom Eugénie Marie Pascaline Fénogli.

14 Claude-Adhémar-André Theuriet, né en 1823, littérateur français auteur de multiples ouvrages, pièces de théâtre et vers dont certains furent couronnés par l'Académie.

15 Adela Juana Maria dite Adelina Patti, née en 1843, cantatrice italienne d'une beauté et d'un talent remarquables.

16 Auguste-Émile Bergerat, littérateur et auteur dramatique français, né à Paris en 1845. Critique d'art, il rédige aussi le feuilleton dramatique du *Figaro*. Il a une grande audience à l'époque.

17 La villa de sa belle-sœur Judith existe toujours à Saint-Énogat.

18 Article d'*Ouest France* du 19 juillet 2000.

19 Cf. *L'Illustration*, avril 1918.

20 Actuel propriétaire de la blanchisserie de l'hôtel devenue une maison d'habitation.

21 Cf. bibliographie.

22 Pour 15.000 frs à déduire de 20.000 frs de dommages et intérêts dus par Laraque et sa succession à la suite d'une transaction avec la commune.

23 Communiqué par l'abbé Langevin à madame Irène Martin en 1990.

24 Réunion municipale.

25 Cf. bibliographie.

26 Ou Lefébure, nom du Sud de la France.

27 Ou Lorquette.

28 Un auteur écrit à « Fort-de-Paix » en 1845, mais c'est une erreur.

29 Ou Volsan.

30 Michel Saint-Jacques pense qu'Olivia Duvivier est la fille d'un président de la république haïtienne. Elle eut un fils, Léonce, né semble-t-il en 1872 à Port-au-Prince, ce que contredit un acte de recensement de 1873 qui le donne né au Cap Haïtien.

31 Née en 1864 à Haïti.

32 Achille Aimé Alexis Hüe (1825-1877), architecte à Paris, promotion de 1843, primé en 1878. Nombreuses réalisations dont une faubourg Saint-Honoré en 1862, rue de la Boétie en 1864, 13 rue des Pyramides en 1879.

33 À la Renaissance, Jean II de Humières l'acquit et fit transformer une partie des bâtiments du vieux château fort dans le nouveau goût. Au XVIIe, Louis III de Crevant fit construire la majeure partie du logis actuel. En 1638, pendant un séjour à Compiègne, Louis XIII s'y rendit pour contempler les importants travaux que le baron de Brigueil faisait alors exécuter. Le maréchal d'Humières continua les opérations et dépensa des sommes considérables pour l'aménager princièrement, créant de toutes pièces un vaste parc dessiné, dit-on, par Le Nôtre. À sa mort, toutes les expropriations nécessaires au projet global ont été réalisées. Au cours du XVIIIe siècle, on ne signale aucune modification.

Pendant la période révolutionnaire, il fut sur le point d'être liquidé au profit de la Nation, comme bien d'émigré en application de la série de décrets du 31 octobre 1791, intégrés dans les biens nationaux à partir du 1er janvier 1792. En application de ces décrets, le 18 février 1793, Clément, maire de Monchy, s'en fut trouver le Procureur Syndic du District de Compiègne pour lui signaler que le *citoyen* Lesparre, propriétaire du château de Monchy était probablement émigré. Il n'avait pas fourni de certificat de résidence depuis plus de deux mois. Le dernier fourni paraissait être un faux, car on lui mandait de Toulouse où il prétendait se trouver qu'il n'y était pas connu. Il paraissait alors possible de séquestrer ses biens. Le Procureur Syndic du District fit mander Valet, homme d'affaires du duc de Lesparre qui prouva que son maître n'avait pas quitté le sol français. Il montra plusieurs lettres timbrées de Toulouse de fraîche date. Il promit de fournir les certificats nécessaires, ce à quoi le Conseil consentit. Mais, comme le 25 mars il n'avait pas encore produit lesdits certificats, le Directoire du District fit apposer les scellés sur les meubles et effets. Le 26 avril suivant, le Directoire départemental ordonnait que les biens du dénommé Louis Grammont dit Lesparre soient acquis et confisqués au profit de la Nation. Comme la liquidation ne se faisait pas assez rapidement, le maire de Monchy adressa un rapport le 18 mai au District de Compiègne, tendant à prendre diverses précautions pour la sûreté du Château. Le Conseil du District décida alors que le citoyen Lorinet, l'un de ses membres ferait l'inventaire, et procéderait à la saisie des meubles et effets. On nomma des gardiens bien connus et de réputation irréprochable. Les armes présentes furent emmenées au District. Le régisseur du duc de Lesparre adressa un mémoire pour protester. Le 28 mai, après réunion, le Conseil du District de Compiègne décida que les biens du Château de Monchy pouvaient être confisqués et que, le certificat de résidence en France ne pouvant être fourni, le château était définitivement décrété bien national. Tout paraissait terminé, mais, le 15 juin, « vu le certificat de Haute Garonne, en date du 3 de ce mois, portant que Monsieur Louis Grammont Lesparre, habitant à Paris et résidant constamment à Toulouse depuis le mois d'octobre 1788, n'est pas compris dans la liste d'émigrés », le Conseil du District de Compiègne ordonnera la mainlevée du séquestre sur les fruits et revenus des biens. L'affaire était manquée. Après la mort du duc de Lesparre, dernier seigneur, survenue au printemps 1795, son père, Antoine de Gramont, seul héritier direct, redevint propriétaire. Cinq ans plus tard, pris dans de graves difficultés financières, il vendit le domaine au citoyen Vandermacq, de Versailles, par contrat passé le 27 messidor an VIII devant Me Gibé, notaire à Paris, pour le prix de 322.600 francs. Puis, le 12 juillet 1813, le château de Monchy allait devenir la propriété du général Philibert Curial. C'était un ardent militaire que Napoléon Ier devait récompenser, peu de jours avant sa chute, en lui octroyant le titre de comte. Ceci ne l'empêcha pas de se rallier ensuite à la cause des Bourbons. Dès son retour en France, le comte d'Artois, frère de Louis XVIII, nomma Curial gouverneur de Compiègne, mais cette place n'était pas vacante étant occupée par un autre glorieux vétéran. Aux Cent Jours, Curial rallia Napoléon. Il combattit héroïquement à Waterloo sous les ordres du maréchal Suchet. Il poursuivit par la suite sa vie militaire avec toujours autant de panache. En 1825, le comte Curial, se rendant au sacre de Charles X, fut victime d'un grave accident de voiture, sur la route de Reims. Il en sortit avec une clavicule cassée et des éclats de vitres dans la tête. Il devait décéder à Paris le 30 mai 1829 et fut inhumé au Père-Lachaise. Il laissa le domaine à sa veuve, Clémentine Aurélie Beugnot, décédée à Montpellier le 14 juin 1840. Ses trois enfants se partagèrent la succession. Le château passa alors entre les mains de l'un d'eux, Philibert Adolphe, qui épousera, en 1841, Marie Françoise Le Pileur de Brévannes, dont il avait fait connaissance au château de Baugy. Le nouveau propriétaire y vécut sans problèmes particuliers pendant vingt ans. Il succédera à Marcotte de Sainte Marie comme maire de Monchy, le 19 avril 1856. Mais l'entretien du domaine et surtout le train de vie de grand seigneur qu'il menait lui coûtait fort cher. Comme il n'arrivait pas à équilibrer son budget, il pensa faciliter sa trésorerie en se lançant dans des entreprises industrielles, sans aucun succès. Ne voulant pas poursuivre à Monchy une existence diminuée, désormais sans rapport avec ses revenus, il prit le parti d'abandonner le château familial pour aller habiter au 19 rue de Presbourg à Paris, dans un appartement en face du Bois de Boulogne. Madame Curial vendit le château et son parc le 20 octobre 1861 à M. Gruet. Celui-ci, pendant qu'il en fut propriétaire, fit des changements dans le parc. Quelques semaines avant la guerre franco-allemande de 1870, il revendait Monchy au comte Victor François Léonard Huyttens de Terbeck, suivant contrat passé devant maîtres Delapalme et Carré, notaires à Paris, les 16 et 17 juin 1870, moyennant le prix principal de 250.000 F. Pendant son séjour à Monchy, le nouveau propriétaire du château fit restaurer le mausolée des Humières qui avait gravement souffert des intempéries au cours de son séjour prolongé dans le parc, et le fit mettre à l'abri au pied de l'escalier d'honneur du château. Il eut cependant la fâcheuse idée de remplacer les armes d'Humières, sculptées sur la tour du château, par un blason fantaisie. Le 2 juillet 1879, le comte de Terbeck y décédait, laissant cette belle propriété à sa veuve, Marie-Anne Françoise Champeaux, et à ses deux enfants. Le 24 avril 1888, monsieur Comon, huissier de justice à Ressons sur Matz, pratiquait la saisie du château de Monchy, à la requête de la Société Parisienne de Crédit et de Commerce, société anonyme au capital de 400.000 frs, ayant son siège à Paris, 22 rue Le Pelletier. La vente judiciaire eut lieu à l'audience des criées du Tribunal civil de Compiègne, le 14 août 1888, en présence de maître Dumars, avoué, représentant le gouverneur du Crédit Foncier de France, auquel il était dû la somme de 86.068 francs et 60 centimes *[sic]* par la famille Huyttens de Terbeck. Quelques mois plus tard, Monchy était revendu à Édouard Cahen, publiciste, chevalier de la Légion d'honneur. Le contrat fut signé le 8 novembre 1888 par maître Coutant, notaire à Fère-Champenoise (Marne), moyennant 200.000 F. Monsieur Cahen, nouveau propriétaire, voulut que Monchy retrouve un aspect digne de son passé. Il fit remettre le parc en état. Il agrandit le domaine en achetant tous les immeubles touchant au mur du parc, le long de la rue Gournay. Puis il poussa encore plus loin la propriété, en achetant en 1889 à la commune de Monchy une parcelle de terrain de 60 ares 50, au lieu dit le Petit Marais jusqu'au chemin de Beaumanoir. Le 3 juillet 1889, il achetait de nouveau un pré de 44 ares 46 sis terroir de Monchy, au même lieu-dit Beaumanoir, à Albert Lesguillons, meunier du lieu. L'entreprenant Cahen décédait à Paris, 35 boulevard Exelmans, le 11 mai 1892, laissant le château à sa veuve, Marie Catherine Lesage.

34 Le bois de Monchy. En 1789 sa superficie était de 500 arpents. Lors de l'inventaire des biens du duc de Lespare, dernier seigneur de Monchy, il fut estimé à 115 100 livres. Il se composait de 435 arpents 10 verges, plantés en bois, estimés à 108.610 livres, et 64 arpents et 90 verges en défrichement estimés 6.490 livres. À cette époque, il y avait 10.708 gros arbres, surtout des chênes (8.992) ; quelques hêtres, charmes, bouleaux, ormes, frênes, trembles (681) ; des tilleuls (251) et des érables, alisiers, cormiers (784). Le bois était divisé par des allées dont le tracé rappelait le sceau de Salomon. Les angles opposés des deux triangles étaient réunis également par des allées se coupant au carrefour central auquel on accédait par le chemin de la Cavée du bois. Chaque allée portait un nom particulier, comme dans une forêt domaniale : 1. Allée de Lagny, 2. Allée de la fosse allemande, 3. Allée bouchée, 4. Allées des Auvergnats, 5. Allée des Muids, 6. Allée d'Arrache-cul, 7. Allée des vignes, 8. Allée de la Plaine des Coquelets, 9. Allée du Berger, 10. Chemin du Puits. L'exploitation du bois avait lieu tous les quatorze ans, parcelle par parcelle, afin de procurer, chaque année, du travail aux bûcherons ainsi que des fagots pour les habitants de Monchy qui, depuis la Révolution, faisaient cuire leur pain dans le four familial. Puis vint la période funeste à de nombreuses forêts dans ce département. Une sorte de folie du déboisement, autorisé par le gouvernement, vint anéantir des bois millénaires. Celui de Monchy devait lui aussi être sacrifié sur l'autel de l'Agriculture par Napoléon Joseph Curial, Comte et Pair de France, châtelain de Monchy et propriétaire de cette garenne. Les 18 et 23 septembre 1843, Curial commençait le dépècement en vendant une portion du bois de 47,40 ha à madame Ollivier et une autre portion de 58,04 ha à messieurs Boulanger et Coulon. Le 18 décembre 1843, les époux Caron se rendaient acquéreur de 6,17 ha 60 de bois à prendre dans la portion restante de bois. L'exploitation extraordinaire du bois de Monchy devait causer aux chemins des dégradations considérables par suite du transport des grumes, ce qui amena le Conseil Municipal, en 1844, à demander au régisseur

du Comte Curial une redevance de 150 m^3 pour l'année en cours et de 50 pour les années suivantes jusqu'à la cessation du défrichement. Le régisseur, monsieur Beaurain, ne voulait pas fournir à la commune plus de 50 m^3 pour les années 1843 à 1848, ni cent francs de subvention annuelle. Il en résulta une contestation assez vive entre les parties avec menaces de sa part — si cette offre n'était pas acceptée par le Conseil Municipal — de saisir le Conseil de Préfecture du litige pour la fixation de l'indemnité à payer. Le Conseil Municipal, par considération pour le comte Curial dont la famille était vénérée dans le pays, par considération pour Beaurain lui-même et dans l'espoir qu'il contribuerait au bien de la commune de Monchy, consentit à accepter la proposition du régisseur. Le bois continua à être morcelé comme nous le verrons.

35 Grand-mère de Michel Saint-Jacques dont nous tenons une bonne partie de ces informations.

36 Ce rare ouvrage existe à la bibliothèque Fisher de Haïti, ainsi qu'à New York et à Paris.

37 Dans les années cinquante, cette demeure devint un bâtiment scolaire. Elle abrita l'Institut Barral avant de devenir l'école Sainte-Marie.

38 Père de Michel Saint-Jacques.

39 Robert Gastambide a imaginé ce dialogue dans son livre *L'envol* (Parsi, Gallimard, 1932), mais il ne s'agit que d'une licence romancière. Cette histoire a aussi été racontée par M. Saint-Jacques.

40 Si elle ne faisait pas partie de la famille par le sang, elle l'avait intégrée par son service de qualité en tant que gouvernante. Elle s'appelait véritablement Emma Grandjean. C'est André, fils d'Henri, qui lui avait donné ce sobriquet. Paniche était un personnage particulièrement romanesque. Elle affirmait être née dans le Reichland d'Alsace alors allemand, probablement autour de 1873. En réalité on n'a jamais su si elle était véritablement Alsacienne ou Allemande du pays de Bade. Jamais elle ne voulut révéler le nom de son village d'origine. Sa famille n'a jamais été évoquée à l'exception d'un oncle médecin de campagne. Elle consacra sa vie à l'éducation d'enfants de familles bourgeoises auxquels elle apprenait l'allemand. Son premier patron était un officier à l'État Major de la Marine, dont elle devint la maîtresse. Il finit par se suicider et l'on dit à l'époque que c'était un espion au profit du Kaiser. Paniche fut la *Nanny* allemande d'André, de Guy et de Georges Laraque. Plus tard, elle fut la *Nanny* de Michel Saint-Jacques qui garde un souvenir très vivant de son attachement à la famille et de ses qualités pédagogiques.

41 Anne est probablement la fille née en 1885, épouse Huteau, et Jean, le fils né en 1907.

42 La Seconde Guerre survint. Le 28 novembre 1941, M. Lesquendieu, parfumeur de Paris, en devient le nouveau propriétaire. Il n'a pas en tête la restauration

du château mais l'exploitation des arbres du parc afin de fabriquer du charbon de bois nécessaire aux gazogènes des camions de son usine. L'affairiste mène son œuvre dévastatrice jusqu'au bout. Il ne reste plus qu'un parc sans arbres à l'aspect désertique et triste. Il s'empresse alors de revendre le domaine. Mais trouver un nouveau propriétaire est quasiment impossible étant donné l'état des lieux. De plus, les charges fiscales trop lourdes découragent les acquéreurs. Le 24 novembre 1945, Gaston Vervel, agriculteur, dont la ferme est contiguë au parc du château en devient le propriétaire comme ce fut le cas de nombreux châteaux en France. Celui-ci procède petit à petit à la remise en état. En 1947, l'un des pavillons près de la grille d'honneur est restauré et sert d'habitation à l'un des enfants de ce cultivateur. Puis, on répare les petites écuries qui servent à la ferme. Le château est lui aussi réapproprié, le parc défriché, les arbres replantés. Mais le château de Monchy-Humières ne retrouvera jamais la splendeur qu'il avait du vivant de Sylla.

SOURCES

Archives

Archives Municipales de Saint-Lunaire.
Archives Municipales de Monchy-Humières.
Archives Services techniques de Neuilly.

Bibliographie indicative

Anonyme, « L'église de Saint-Lunaire. Réponse d'un paroissien de Saint-Lunaire à un habitant de la même commune », in *Journal de Rennes,* 13 mai 1881.

Auzépy (Solange), *Saint-Lunaire. Petite histoire du Décollé*, Association des Amis du musée du Pays de Dinard, 1999.

Bainville (Jacques), *La troisième République,* Paris, Fayard, 1935.

Bihr (Jean-Pierre), *Regards sur Saint-Briac*, Saint-Brieuc, Presse bretonne, 1990.

Bihr (Jean-Pierre), *Regards d'émeraude*, 1988.

Clément-Heintz (Danielle), *Saint-Lunaire cité côtière en terre bretonne*, Dinard, Danclau, 1996.

David (Henri), *Saint-Lunaire sous l'occupation : 1940-1944*, Dinard, Husson impr., 1986.

Delouche (Denise), *Peintres de la Bretagne*, Rennes, U.H.B. Klincksieck, 1977.

Dugast (A.), Parizet (I.), *Dictionnaire par noms d'architectes des constructions élevées à Paris aux XIXe et XXe siècles*, Paris, Institut de l'histoire de Paris, 1993.

Fermin (Henri), *Dinard. 1 – La vie balnéaire à travers ses hôtels, du second Empire à nos jours,* Dinard, Association des amis du musée de Dinard, 1986.

Fermin (Henri), *Dinard. Cent ans de chemin de fer*, Dinard, Association des Amis du musée de Dinard, 1987.

Fermin (Henri), *Il était une fois « le tramway Dinard Saint-Lunaire Saint-Briac »*, Dinard, Danclau, 1987.

Fermin (Henri), *Les bateaux anglais de Saint-Malo et le naufrage du vapeur « Hilda »,* Dinard, Danclau, 1989.

Fermin (Henri), *Petits trains d'Ille-et-Vilaine*, Éd. Cénomane, 1986.

Joanne (Alfred), *Géographie de l'Ille-et-Vilaine*, Paris, Hachette, 1901.

Halévy (Daniel), *La république des ducs*, Paris, Grasset, 1937.

Herpin (E.), Boivin (L.), *Guide du touriste à Dinard et ses environs*, 1897.

Kerlo (Léo), Le Bihan (René), *Peintres de la Côte d'Émeraude,* Douarnenez, Le Chasse-marée/Ar Men, 1998.

Kerradec (Yves) de, *Souvenir. Saint-Lunaire et le Décollé*, Paris, Blétit imp., 1910.

La Borderie (Arthur) de, *Saint-Lunaire, son histoire, son église, ses monuments*, Rennes, Plihon, 1881.

Lagneau (L.), *Dinard. Guide du casino. Curiosités, promenades, excursions et tous les renseignements à l'usage des baigneurs et des touristes*, 1881.

Ogée, *Dictionnaire historique et géographique de la province de Bretagne*, Nlle éd. par Marteville et Varin, Rennes, Molliex, 1843.

Palys (Comte de), *Rapport présenté à la Société archéologique d'Ille-et-Vilaine sur les restaurations exécutées à l'ancienne église de Saint-Lunaire*, Rennes, Simon imp., 1894.

Recouly (Raymond), *La troisième république*, Paris, Hachette, 1927.

TABLE DES MATIÈRES

Première partie : Saint-Lunaire rêve balnéaire **11**

LA CÔTE D'ÉMERAUDE 13
Dinard, ville aînée, et Rochaïd Dahdah
précurseur des Joly, Rosnays, Laraque, etc. 13

LE MOUVEMENT IMMOBILIER À SAINT-LUNAIRE 16
On brade le passé 18
À la recherche d'un sauveur 23
Saint-Lunaire aimée des peintres 26
Un promoteur visionnaire et fastueux 27

LE GRAND HÔTEL, LE CASINO 31
Une structure ambitieuse 31
Une clientèle raffinée et des distractions 35
Des boissons fortes 39
Direction et personnel 40
L'hôtel et la Grande Guerre 42
L'entre-deux-guerres 43
Le Grand Hôtel pendant la Seconde Guerre mondiale 43
La période moderne 44
L'espace réservé au Casino 45
On monte un casino 48

LE GRAND GARAGE ET LE LOGEMENT DU PERSONNEL
DU GRAND HÔTEL 50

LA DIGUE DE LA PLAGE 50

LA MENUISERIE 52

LA BLANCHISSERIE 52

LE GOLF 53

LES TENNIS 55

Le Salon de Thé de la pointe du Décollé 56
Les villas de Sylla 58
Les structures techniques liées au développement touristique 66
Le Télégraphe 66
L'Éolienne 67
Les usines à gaz et à électricité 68
Le secteur électrique 72
Deux réseaux électriques différents et complémentaires 75
Le nouveau courant et la fin de l'usine 76
Le tramway à vapeur 79

Deuxième partie : Sylla le Magnifique 83

Les origines 85
Réussite et drames haïtiens 87
Un départ précipité 90
La deuxième vie de Sylla : la France 91
La vie parisienne 91
La vie balnéaire 92
La villa Borghèse 95
Sylla voit loin 99
La vie de château à Monchy 99
Une rencontre décisive 106
Une société secouée par les scandales financiers 109
Le royaume de Bir-Chana 109
Sylla solde le passé 111
Décès de Philomène et départ de la villa Borghèse 112
Un remariage de régularisation 113
La rencontre de Sylla Laraque avec Louis Blériot en 1909 113
Le départ de Camille en Tunisie 117
Monchy et la Première Guerre mondiale 117
Le domaine de Saniet Ali Zarrouk 119
La mort de Sylla et la dispersion des biens 122
La mémoire renaît 124

Collection « Bibliothèque Chateaubriand »

Charles du Boishamon (1813-1885), neveu de l'écrivain, raconte un Chateaubriand inattendu et intime, très attaché à ses amis (Lamennais), à ses racines et à ses souvenirs de Bretagne.

Édition d'art
sur papier Rives
à tirage limité avec préface, notes, photographies, dessins et reproductions de manuscrits.

48 p. - 15 x 22 cm
ISBN 2-84421-001-5
14,48 €

Entretiens de Christophe Penot avec les meilleurs spécialistes de Chateaubriand :

Jean-Paul Clément
Guillaume de Bertier
Michel Le Bris
Bernard Heudré
Pierre Riberette
Jean-Claude Berchet
Marc Fumaroli
José Cabanis
Sonia de La Tour du Pin
Jacques Gury

256 p. - 15 x 22 cm
ISBN 2-84421-003-1
19,51 €

Collection « Bibliothèque Chateaubriand »

Le plus célèbre des écrivains bretons fut aussi un grand homme d'État. Tombeur de ministères certains jours, chef de parti, ambassadeur ou ministre d'autres fois, il a mené une carrière sans pareille que le professeur Guillaume de Bertier de Sauvigny analyse ici.

228 p. - 14,5 x 20,5 cm
ISBN 2-84421-016-3
23,63 €

« Adieu, famille maternelle… Si vous me survivez, agréez la part de reconnaissance et d'affection que je vous lègue ici », s'écria Chateaubriand dans un célèbre chapitre des *Mémoires d'outre-tombe*. C'est justement cette famille maternelle que Maurice du Boishamon a retrouvée dans ce livre capital pour comprendre la psychologie de l'écrivain et connaître les Bédée, l'une des plus vieilles familles de Bretagne.

174 p. - 14,5 x 20,5 cm
ISBN 2-84421-006-6
26,75 €

Histoire - Bretagne

S'il est à jamais devenu « l'Allemand de Saint-Lunaire », Alfons Ruhnau n'a pas oublié qu'il eut 20 ans en 1939, lorsque Hitler lança ses armées à la conquête du monde.

Il connut la peur, la faim, les -30° C de l'hiver russe, les interminables cannonades. Blessé, arrêté, vaincu et définitivement écœuré, le jeune Prussien se retrouva prisonnier de guerre à Saint-Lunaire. Pourquoi tous ces morts, toutes ces années perdues ? Comment vivre quand on n'est plus qu'un paria sans patrie ? L'amour d'Annie, la jeune Bretonne, et, plus tard, les honneurs reçus de la mairie de Saint-Lunaire, viendront lui prouver qu'il faut toujours espérer...

144 p. - 14,5 x 20,5 cm
ISBN 2-84421-015-5
Préface de Patrick Poivre d'Arvor
14,48 €

Histoire - Bretagne

Alfred Jamaux retrace avec une précision rigoureuse le voyage que Victor Hugo et Juliette Drouet accomplirent en Bretagne. Sur la foi d'archives inédites, il a déterminé les lieux exacts de leur séjour ; il a localisé la maison natale de Juliette Drouet et retrouvé son véritable tuteur. Un document capital pour suivre les deux amants en Bretagne.

156 p. - 14,5 x 20,5 cm

ISBN 2-84421-025-2

17,95 €

Rarement un marin fut aussi étonnant que le Malouin Ohier de Grandpré, qui s'exclama : « Mes ennemis savent que je suis breton, et qu'à ce titre l'honneur m'est plus cher que la vie... » Oui, un homme étonnant, ancien négrier, géographe, inventeur, écrivain, agent secret...

256 p. - 22 €

Histoire - Bretagne

160 p. - 18,90 €

René Henry retrace toute l'histoire des combats sur les mers que se livrèrent Malouins et Anglais pendant cinq siècles. Par des gravures et des plans de bataille, il raconte l'héroïque et inlassable résistance de la cité malouine.

Un formidable document illustré qui dévoile toutes les richesses sous-marines de la baie de Saint-Malo. Grâce aux fouilles archéologiques qu'il effectue et grâce à ses recherches auprès des Archives, le spécialiste Emmanuel Feige est parvenu à retracer toute l'histoire des spectaculaires naufrages aux abords de la cité corsaire depuis 1638.

160 p. couleurs - 26 €
241 cartes, photographies, croquis et documents

Histoire - Bretagne

La formidable saga des Surcouf, dont cinq générations ont fait la fortune et la gloire de Saint-Malo. Entre mythes et réalités, Alain Roman lève le voile sur le destin exceptionnel de ces armateurs et corsaires.

288 p. - 16 x 24 cm
ISBN 2-84421-046-5
Documents, notes et bibliographie
21,50 €

Dès que l'Europe découvrit le café, les Malouins voulurent être les premiers Français à ouvrir des comptoirs. D'où cette extraordinaire aventure maritime que raconte avec talent Jean-Pierre Brown. Pour rappeler l'étonnant courage des marins du pays de Saint-Malo.

528 p. - 16 x 24 cm
ISBN 2-84421-041-4
Bibliographie
24,50 €

Histoire - Bretagne

112 p. - 27 x 22 cm
Livre relié en couleurs avec documents et photographies
34,50 €

Un beau livre documenté pour découvrir toute l'histoire ancienne du Pays de Dinard et de la baie de Saint-Malo. Au temps où la forêt de Scissy couvrait la baie tout entière — au temps des mégalithes, des voies romaines et du fier « château de Dinart »...

Ce journal de bord mythique, inédit, est le seul journal intégralement conservé par Robert Surcouf. Il permet de découvrir, jour après jour, les combats de la plus glorieuse campagne du corsaire, qui connaîtra son apothéose avec la célèbre prise du *Kent*.

Préface de Michel Vergé-Franceschi

184 p. - 14,5 x 21 cm
documents, notes et bibliographie
18,90 €

Histoire - Bretagne

Après un premier tome consacré aux ancêtres de la famille de Robert Surcouf, voici le second et dernier tome, consacré entièrement au corsaire et à ses frères. À partir de documents inédits, Alain Roman y révèle les multiples vies de Surcouf qui fut aussi armateur puis riche propriétaire terrien.

Préface d'Olivier Roellinger

416 p. - 16 x 24 cm
Nombreux documents, notes et bibliographie
24,50 €

240 p. - 30,5 x 25 cm
83 aquarelles sur papier ivoire
58 €
Préface de René Couanau
Introduction de Bernard Heudré

Un beau livre relié en couleurs avec des textes de Gilles Foucqueron et plus de 80 aquarelles d'Alain Bailhache, peintre officiel de la Marine, pour découvrir la fabuleuse histoire des Malouinières au temps des armateurs et corsaires qui firent la gloire du pays de Saint-Malo.

Les trente premiers exemplaires de
Saint-Lunaire balnéaire.
Le grand rêve de Sylla Laraque,
de Max Bontems et Claude-Youenn Roussel,
ont été numérotés de I à XXX.

Achevé d'imprimer
par l'Imprimerie Diazo
pour les Éditions Cristel
à Saint-Malo
Imprimé en France
Dépôt légal : septembre 2006